Astrid Boll · Regina Remsperger-Kehm

Verantwortlich handeln!

Verletzendes Verhalten in der Kita gemeinsam verhindern

Oh, das ist aber schön!
Das will ich genauer sehen und muss mich dafür ganz schön anstrengen.
Jetzt hab' ich es!
Was da wohl drinnen ist?
Wie geht das auf?
Vielleicht, wenn ich da ziehe?
Ich muss bestimmt ein bisschen fester ziehen.
Oh, jetzt wird es mir aus der Hand gerissen!
Ich schau nach oben und sehe in ein wütendes Gesicht.
Es wird ganz laut.
Meine Ohren tun weh.
Aber ich wollte das nicht kaputt machen.
Du meinst, ich hätte fragen müssen?
Warum muss ich auf den Stuhl?
Und alle gucken mich jetzt an.
Ich hab Angst.
Mir kommen Tränen.
Bist du böse auf mich?

Astrid Boll · Regina Remsperger-Kehm

Verantwortlich handeln!

Verletzendes Verhalten in der Kita gemeinsam verhindern

verlag das netz
Weimar

Bitte richten Sie Ihre Wünsche, Kritiken und Fragen an:
info@verlagdasnetz.de

Link zum Download der Vorlagen:
https://verlagdasnetz.de/home/verlagsprogramm-181/handlungs-konzepte/2382-verantwortlich-handeln.html

Passwort:
brvhvdn2022

ISBN 978-3-86892-182-3

Gestaltung: Jens Klennert, Tania Miguez
Titelbild: Astrid Boll
Druck: Druckerei Willy Gröer GmbH & Co.KG, Chemnitz
Printed in Germany

Weitere Informationen finden Sie unter www.verlagdasnetz.de

Inhalt

1. Verletzungen gemeinsam verhindern – einführende Gedanken

Sicherlich kennen Sie das Gefühl aus Ihrer Kindheit, wenn Ihnen etwas passiert ist, was Sie gar nicht beabsichtigt hatten. Oder wenn Sie nicht an eine Regel gedacht haben, die Ihnen schon so oft gesagt worden war. Wenn Sie aus reinem Übermut oder aus purer Neugierde eine Grenze überschritten haben. Einfach, weil der Drang, es zu probieren, größer war als das Verbot. Bestimmt erinnern Sie sich an das Gefühl, ein Kind zu sein, im Hier und Jetzt zu leben.

Vermutlich wissen Sie auch noch sehr genau, wie es sich anfühlt, wenn Erwachsene Ihnen Unrecht taten, weil sie Ihr Verhalten einfach falsch deuteten. Vielleicht waren Sie dadurch beschämt oder fühlten sich missverstanden. Vielleicht waren Sie traurig oder wütend. Und womöglich war es für Sie unerträglich, wenn Sie für das, was sie ausprobierten, bestraft wurden – mit Worten, Anschreien, Demütigungen, Bloßstellen, Liebesentzug, Verboten oder sogar mit körperlichen Übergriffen.

Mit diesem Buch wollen wir Sie zu einem Dialog über verletzendes Verhalten anregen. Dabei ist uns bewusst, dass verletzendes Verhalten immer aus verschiedenen Perspektiven betrachtet werden kann. Als nunmehr Erwachsene wurden wir vielleicht als Kinder verletzt. Aber es passiert uns auch heute, dass wir Kinder verletzen. Wir müssen uns darüber bewusst werden, was verletzendes Verhalten bei Kindern auslöst. Und wir stehen in der Verantwortung, verletzendes Verhalten gegenüber Kindern zu verhindern. Gerade als pädagogisch Handelnde müssen wir dazu die unterschiedlichen Sichtweisen auf verletzendes Verhalten in den Blick nehmen.

Für die Leitung einer Kindertageseinrichtung, in der Fort- und Weiterbildung oder in der Fachberatung, ist verletzendes Verhalten somit ein Thema auf verschiedenen Ebenen: Einerseits ist es sicherlich notwendig, an den persönlichen Erfahrungen von Fach- und Leitungskräften in der eigenen Kindheit anzusetzen. Andererseits geht es um die Stärkung eines feinfühligen Umgangs mit Kindern im pädagogischen Alltag. Es geht darum, zu erkennen, durch welches Verhalten wir Kinder feinfühlig begleiten. Genauso gilt es aber auch herauszufinden, welche Verhaltensweisen für Kinder verletzend sein können. Leitungen müssen hier ihrem Auftrag gerecht werden, pädagogische Richtlinien zu setzen und Kinder zu schützen, z.B. durch die Meldung nach § 47 SGB VIII bei

Entwicklungen, die das Kindeswohl gefährden können. Hierzu zählt auch das grenzüberschreitende Verhalten von Fachkräften.

Bei alldem ist es nicht leicht, sich aktiv mit dem Thema des verletzenden Verhaltens auseinanderzusetzen. Anders als Gewalt geschieht es oft unbewusst oder in überfordernden Situationen. Doch wo beginnt verletzendes Verhalten? Und was ist für wen wie sehr verletzend? Müssen wir zum Schutz des Kindes oder anderer Kinder sogar manchmal absichtlich verletzen? Zum Beispiel, wenn wir ein Kind fest am Arm greifen und es zurückziehen, weil es auf die befahrene Straße zu laufen droht.

Als wir zu forschen begannnen, machten wir uns Gedanken darüber, wie wir uns einem Tabu-Thema nähern können, ohne Fachkräften das Gefühl zu geben, wir führen sie vor. Sehr deutlich spürten wir die Schwere, die diese Thematik mit sich bringt. Wenn Sie selbst verletzendes Verhalten von KollegInnen in Ihrer Einrichtung erleben und damit umgehen müssen, geht es Ihnen vielleicht ähnlich.

In zahlreichen Gesprächen mit pädagogischen Fachkräften haben wir jedoch erfahren, dass das Verständnis schnell wächst, wenn wir uns trauen, Verhaltensweisen anzusprechen, von denen wir wissen, dass sie nicht richtig sind. Wie schnell mündet ein gut gemeintes und zunächst noch feinfühliges Verhalten in Handlungsweisen, die für Kinder bereits übergriffig sind. Wenn wir miteinander sprechen, sehen wir, dass Fehler auch anderen passieren und dass es erleichternd ist, diese Fehler auch zuzugeben. Wenn es gemeinsam gelingt, diesen Gesprächsrahmen frühzeitig zu ermöglichen, können wir gravierende Grenzüberschreitungen gegenüber Kindern eher verhindern.

Bei unserer Studie zum verletzenden Verhalten von pädagogischen Fachkräften (vgl. Boll & Remsperger-Kehm 2021) durften wir erleben, wie wichtig es ist, an den Erfahrungen der pädagogischen Fachkräfte anzuknüpfen. Sie selbst haben sehr klar benannt, was notwendig ist, um verletzendem Verhalten im Kita-Alltag präventiv zu begegnen. Hier schließen wir mit diesem Buch an.

Im zweiten Kapitel haben wir wichtiges Hintergrundwissen zu einem feinfühligen, aber auch zu einem verletzenden Verhalten in Kitas in kurzen Abschnitten aufbereitet. Es dient als Basis für den Praxisteil im dritten Kapitel dieses Buchs. Anhand zahlreicher Methoden werden wir Wege aufzeigen, wie Leitungskräfte, aber auch Verantwortliche in der Fort- und Weiterbildung sowie in der Fachberatung, verletzendes Verhalten in Teams bearbeiten können. Darüber hinaus gibt es Impulse zur Gestaltung von Teamprozessen. Die Auswahl und Zusammenstellung der Methoden hängen von Ihrer Einschätzung ab, was für Ihr Team zum Zeitpunkt der Bearbeitung am besten geeignet ist. Im Praxiskapitel gibt es daher keinen vorab festlegten Ablauf des methodischen Arbeitens. Jedoch schlagen wir drei Phasen der Auseinandersetzung mit verletzendem Verhalten vor: die Phase der Annäherung, der Vertiefung und schließlich die Phase des gemeinsamen

Handelns. Methoden für den Einstieg, den Hauptteil und für den Übergang zur nächsten Phase sind entsprechend gekennzeichnet.

Erste Phase **Annäherung**	Zweite Phase **Vertiefung**	Dritte Phase **Gemeinsam handeln**
17 methodische Optionen:	17 methodische Optionen:	18 methodische Optionen:
3 Methoden für den Einstieg	4 Methoden für den Einstieg	2 Methoden für den Einstieg
10 Methoden für den Hauptteil	8 Methoden für den Hauptteil	8 Methoden für den Hauptteil
4 Methoden für den Übergang	5 Methoden für den Übergang	8 Methoden für den Abschluss

Im vierten Kapitel sollen die Hinweise und Informationen Leitungen und anderen Verantwortlichen eine Orientierung geben, um gemeinsam für einen feinfühligen Umgang mit Kindern eintreten zu können.

Mithilfe von Fachwissen und der individuell einsetzbaren Praxismethoden möchten wir es Ihnen mit diesem Buch erleichtern, sich zu öffnen und miteinander ins Gespräch kommen. So wird es möglich, verletzendes Verhalten zu reflektieren, eigene und Belastungsgrenzen anderer zu erkennen, Mut und Verantwortungsbewusstsein zu wekken. Ziel ist es, sensibel für die Anfänge eines verletzenden Verhaltens zu werden, den Austausch darüber anzuregen, die Vielfalt von Perspektiven offenzulegen und besprechen zu können. Durch einen solchen Austausch wird der feinfühlige und achtsame Umgang mit Kindern gleichzeitig bei den Teammitgliedern gestärkt.

Dass der gemeinsame Austausch zu diesem sensiblen Thema gelingen kann, zeigen unsere Besuche in drei AWO-Kindertageseinrichtungen. Gemeinsam mit den Teams der Kita Dönhoff Straße, der Kita Scheidter Feld und des Familienzentrums Grünauer Straße haben wir zahlreiche Methoden erprobt. Wir sind sehr dankbar für diese Unterstützung. Durch die intensive Arbeit haben wir erlebt, dass die Entwicklung einer Kultur der Rückmeldung und des Austauschs der erste und wirkungsvollste Schritt hin zu einem institutionellen Kinderschutz sind. Für diesen wichtigen Schritt wünschen wir auch Ihnen Mut und Offenheit!

2. Zwischen Feinfühligkeit und verletzendem Verhalten

In unserer Forschungsarbeit mit pädagogischen Fachkräften haben wir viel darüber gelernt, warum ein feinfühliger Umgang mit Kindern im Alltag manchmal misslingt. Das Wissen über die Ausprägungen und mögliche Ursachen, aber auch das Wissen über die unterschiedlichen Umgangsformen mit verletzendem Verhalten, gestaltet die eigene Auseinandersetzung mit dem Thema leichter. Zugleich hilft das Wissen, mit KollegInnen ins Gespräch zu kommen, weil Verhaltensweisen besser eingeordnet werden können. In diesem Kapitel wollen wir daher zunächst grundlegendes Hintergrundwissen zu einem feinfühligen und verletzenden Umgang mit Kindern darlegen. Anschließend nehmen wir genauer in den Blick, warum es so schwierig ist, verletzendes Verhalten anzusprechen.

2.1 Feinfühligkeit als Grundlage einer gesunden Entwicklung

Eine feinfühlige Interaktionsgestaltung ist für die Entwicklung von Kindern von zentraler Bedeutung. Kinder entwickeln dann Wohlbefinden und ein Selbstwertgefühl, wenn sie Geborgenheit durch vertraute Bezugspersonen erhalten, die sie kontinuierlich betreuen, die ihre körperlichen und psychischen Grundbedürfnisse erfüllen und die voraussagbar und angemessen auf Kinder reagieren. Kinder brauchen Zuwendung, Anerkennung und ein Umfeld, in dem sie ihren Interessen nachgehen und sich als kompetent und selbstwirksam erleben können (vgl. u.a. Weltzien & Söhnen 2019).

Auch in Kitas sind Interaktionen, die emotionale Wärme und Sicherheit vermitteln, für den Aufbau von Beziehungen grundlegend. Besonders kommt es auf das feinfühlige Verhalten der Fachkräfte in Schlüsselsituationen an. Die Fachkräfte sind für Kinder die sichere Basis und unterstützen sie bei der Regulation ihrer Gefühle. Indem sie Irritationen und Ängste der Kinder aufgreifen und sie trösten, sichern sie das Wohlbefinden der Kinder.

Erika, die Erzieherin, spielt mit einer kleinen Kindergruppe ein Spiel. Jacob ist an der Reihe. Er soll einmal durch das Zimmer laufen. Mit einem unsicheren Lächeln steht der Junge auf und schaut zu Erika. Diese erwidert den Blickkontakt und erklärt mit einer unterstreichenden Armbewegung: »Vielleicht läufst du jetzt einfach mal hier so einen großen Bogen rund um die Tische und kommst dann wieder zu deinem Platz.« Jacob bleibt stehen, lächelt Erika an und nickt. Die Erzieherin behält den Blickkontakt bei, lächelt zurück und nickt ebenfalls: »Ja, gut? Dann mach das.« Jacob läuft los.

Um mitspielen zu können, braucht Jacob offensichtlich die Unterstützung seiner Erzieherin. Das Verharren auf der Stelle, sein unsicheres Lächeln und das wiederholte Suchen des Blickkontakts mit der Erzieherin weisen darauf hin. Erika erkennt Jacobs Unsicherheit und reagiert darauf mit Blickkontakt und einem Vorschlag, den sie mit Gesten untermalt. Nach erneuter nonverbaler Abstimmung mit Erika, dem Zulächeln, Nicken und Beibehalten des Blickkontakts sowie der unterstützenden Nachfrage und Aufforderung seiner Erzieherin, spielt Jacob mit. (vgl. Remsperger 2008)

Szenen wie diese erleben wir im pädagogischen Alltag zuhauf. Kinder signalisieren uns durch ihre Mimik und Gestik, ihre Körperhaltung und ihren Tonfall, aber natürlich auch durch ihre Sprache, dass sie intensiv mit etwas beschäftigt sind. Zugleich zeigen sie, dass sie dringend etwas mitteilen wollen oder auch, dass sie unsere Unterstützung benötigen. Die Signale von Kindern wahrzunehmen und angemessen darauf zu reagieren, wird als Feinfühligkeit pädagogischer Fachkräfte oder auch als Sensitive Responsivität bezeichnet (vgl. Remsperger 2011).

Signale bemerken	• Zugänglichkeit und Aufmerksamkeit
Sich auf die Signale hin angemessen verhalten	• Promptheit der Reaktion, Richtigkeit der Interpretation • Haltung (Akzeptanz/Wertschätzung, Interesse, Respekt vor der Autonomie des Kindes) • Involvement, sich als Fachkraft in die Interaktion einbringen • Emotionales Klima • Stimulation, die Kinder anregen

Merkmale Sensitiver Responsivität

Sehr feinfühlige Fachkräfte haben die Signale von Kindern stets im Blick. Mit einer hohen Zugänglichkeit und Aufmerksamkeit beobachten sie die Kinder zunächst ruhig und abwartend. Auf diese Weise können die Kinder die Initiative ergreifen und auf die Fachkräfte zukommen.

Wenn Kinder stolz ihre Werke zeigen, aufgeregt über ein Erlebnis berichten oder auf nonverbale Weise (etwa durch einen Blickkontakt) signalisieren, dass sie Aufmerksamkeit benötigen, reagieren die Fachkräfte schnell und versuchen, die Bedürfnisse der Kinder zu ergründen. Dabei zeigen sie ein hohes Interesse an den Mitteilungen der

Kinder. Sie hören ihnen zu, lassen sie ausreden und spiegeln mit zugewandter Körperhaltung, konstantem Blickkontakt und unterstreichenden Gesten deren Signale. Zugleich spiegelt die Mimik der Fachkräfte ihre Anteilnahme, ihr Staunen und ihre Begeisterung wider. Für die Kinder wird durch die einfühlsamen Antworten der Fachkräfte deutlich, dass sie ihren Äußerungen interessiert folgen und ihnen mit Akzeptanz und Wertschätzung begegnen.

Indem die Fachkräfte es den Kindern ermöglichen, die Inhalte, das Tempo und den Verlauf von Interaktionen zu gestalten, respektieren sie die Autonomie der Kinder. Gelingt es den Fachkräften, nicht vorschnell in die Erzählungen und Handlungen von Kindern einzugreifen, können diese selbst bestimmen, in welche Richtung ein Gespräch oder eine gemeinsame Aktivität verläuft und wie viel Zeit sie dafür benötigen.

Ist der feinfühlige Umgang mit den Kindern einerseits von Zurückhaltung gekennzeichnet, engagieren sich die Fachkräfte andererseits dafür, die Interaktionen mit den Kindern aufrechtzuerhalten. Sie greifen die Äußerungen und Ideen der Kinder auf, stellen anregende Fragen, sprechen und handeln gut verständlich und gehen konstant auf die Kinder ein.

Vor allem aber respektieren und achten die Fachkräfte die Gefühle der Kinder. Sie greifen die Emotionen der Kinder auf, spiegeln sie und stimmen ihr eigenes Verhalten darauf ab. Darüber hinaus lassen sie die Kinder ihre eigene Freude, Begeisterung und auch ihren Stolz deutlich spüren. Auf diese Weise schaffen die Fachkräfte ein Interaktionsklima, in dem sich die Kinder offen und angstfrei mitteilen können. Durch entwicklungsangemessene Anregungen und Herausforderungen werden Kinder in ihrem Tun und damit auch in ihrem Selbstbewusstsein und Selbstwirksamkeitsgefühl gestärkt.

2.2 Hintergründe eines verletzenden Verhaltens

Gibt es das wirklich?

Fatima sitzt mit ihrer Freundin und der pädagogischen Fachkraft Martha am Tisch und malt. Auf einmal schaut Fatima die Fachkraft verschmitzt an: »Weißt du was? Ich war schon mal im Zirkus!« Martha hat die Arme vor der Brust verschränkt. Sie schaut zu Fatima, verzieht aber keine Miene.

Offenbar kann sich die Fachkraft nicht für das Thema des Mädchens begeistern. Sie reagiert mit einem knappen Antwortsignal, verharrt in ihrer abweisenden Körperhaltung und zeigt einen unbewegten Gesichtsausdruck. Sie greift die Stimmung Fatimas nicht auf und geht nicht auf sie ein. (vgl. Remsperger 2008)

Sicherlich beobachten Sie im Kita-Alltag ebenfalls Interaktionen, in denen ein feinfühliger Umgang mit Kindern nicht gelingt. Fachkräfte beteiligen sich manchmal kaum an den Interaktionen, gehen nicht auf Kinder ein oder nehmen zu wenig Rücksicht darauf, dass die Kinder sie verstehen können. Kinder wiederum kommen bei einem wenig feinfühligen und stark lenkenden Interaktionsverhalten der Fachkräfte kaum zu Wort und können keine eigenen Ideen einbringen. Die Übergänge von einem sehr feinfühligen pädagogischen Verhalten zu einer geringen Sensitiven Responsivität sind dabei manchmal fließend (vgl. Remsperger 2011).

Hohe Feinfühligkeit

- Prompte Reaktion
- Promptes Eingehen
- Aufmerksamkeit und Interesse zeigen
- Gefühle von Kindern aufgreifen
- Kinder wertschätzen
- Kinder anregen

Mangelnde Feinfühligkeit

- Keine Reaktion
- Kein Eingehen
- Gleichgültig und desinteressiert wirken
- Gefühle von Kindern abwerten und geringschätzen
- Kinder bloßstellen, maßregeln, abwerten
- Anregung unterlassen

Die Ausprägungen eines wenig feinfühligen pädagogischen Interaktionsverhaltens können für Kinder durchaus verletzend sein, z.B.:

- nicht auf die Signale von Kindern zu reagieren,
- nur knapp oder gar nicht auf Kinder einzugehen,
- Gleichgültigkeit und Desinteresse zu signalisieren,
- die Gefühle von Kindern abzuwerten oder abzuschmettern,
- Kinder nicht ernst zu nehmen,
- die Werke, Äußerungen und Fragen der Kinder abzuwerten,
- Kinder vor anderen zu bewerten oder sie bloßzustellen,
- Kinder mit anderen Kindern zu vergleichen oder zu sagen, was andere Kinder besser können,
- Kinder deutlich spüren zu lassen, dass sie etwas nicht verstanden haben,
- Kinder vorzuführen, wenn sie vermeintlich nicht aufgepasst haben oder
- unfreundlich auf Regeln hinzuweisen und Kinder lauthals zu maßregeln (vgl. ebd.).

Mittlerweile zeigen Studien, dass ungünstige Rahmenbedingungen, wie zu große Gruppen, es erschweren, angemessen auf die unterschiedlichen Bedürfnisse und Signale von Kindern einzugehen. Fachkräfte schränken Kinder dann ein und geben eher Befehle (vgl. Viernickel & Voss 2012). Dass es hierbei auch zu Grenzüberschreitungen kommen kann, wurde in einer nicht repräsentativen Umfrage von ZEIT ONLINE aus Sicht von

Eltern und Fachkräften geschildert. Bei einer unzureichenden Fachkraft-Kind-Relation kommt es vor, dass Fachkräften der Geduldsfaden reißt und sie die Kinder bei Fehlverhalten mit lautem Schreien und Schimpfen bestrafen (vgl. Maywald 2019). Den Berichten zufolge herrscht ein grober Ton, die Aufsichtspflicht wird vernachlässigt, Kindern wird nicht geholfen, sie werden bloßgestellt, zum Aufessen oder Schlafen gezwungen oder es werden ihnen Strafen angedroht.

Vor diesem Hintergrund unterscheidet Maywald sechs Formen des Fehlverhaltens in Kitas (vgl. ebd.):

Seelische Gewalt	• z.B. beschämen, demütigen, ausgrenzen, isolieren, überbehüten, bevorzugen, abwerten, vergleichen, Angst machen, anschreien
Seelische Vernachlässigung	• z.B. emotionale Zuwendung und Trost verweigern, ignorieren, mangelnde Anregung, bei Übergriffen unter Kindern nicht eingreifen
Körperliche Gewalt	• z.B. unbegründet festhalten, einsperren, festbinden, schlagen, zerren, schubsen, zum Essen zwingen
Körperliche Vernachlässigung	• z.B. unzureichende Körperpflege, mangelhafte Ernährung, unzureichende Bekleidung, Verweigerung notwendiger Hilfe
Vernachlässigung der Aufsichtspflicht	• z.B. Kinder unangemessen lang oder in gefährlichen Situationen unbeaufsichtigt lassen, Kinder vergessen
Sexualisierte Gewalt	• z.B. körperliche Nähe erzwingen, gegen den Willen liebkosen, ohne Notwendigkeit an den Genitalien berühren

Dass verletzendes Verhalten durch Kita-Fachkräfte leider keine Randerscheinung ist, zeigte eine Studie zu pädagogischen Beziehungen (vgl. Prengel 2019). Aus 1.590 Beobachtungsszenen in Kitas und Krippen wurde über ein Viertel als verletzend eingeschätzt. Kinder bekommen grobe Anweisungen oder negative Zuschreibungen, werden ignoriert oder angebrüllt, und es wird ihnen notwendige Hilfe verweigert. In selteneren Fällen kommt es zu aggressivem Körperkontakt, Ausgrenzung, Drohung und Spott. Dabei sind es oft die gleichen Kinder, die immer wieder verletzt werden (vgl. ebd.). In einer im Mai 2021 bundesweit durchgeführten Onlinebefragung von Kita-Leitungskräften zeigte sich leider erneut, dass Kinder in gut jeder fünften Kita in Deutschland verletzendes Verhalten häufig selbst erfahren oder erleben müssen (vgl. Schrauth 2021). Die Befragung bestätigte damit leider die Resultate unserer Pilotstudie zu verletzendem Verhalten in Kitas (vgl. Boll & Remsperger-Kehm 2021). Im Folgenden gehen wir auf zentrale Ergebnisse unserer Untersuchung ein und greifen hierfür auch auf Originalzitate zurück.

Welche Formen des verletzenden Verhaltens gibt es?

... ein Kind sucht vermehrt Nähe bzw. Körperkontakt zu einer Erzieherin, diese lässt den Kontakt aber nicht zu, sondern weist das Kind immer wieder ab oder reagiert einfach nicht auf das Kind.

Plötzlich hatte das Kind nach einer Anweisung einen Wutanfall bekommen, der sich so nicht stoppen ließ. Das Mädchen wurde sehr körperlich und versuchte die Erzieher zu beißen und zu kratzen. Im Nachhinein haben alle versucht sie zu beruhigen und als das nicht klappte, wurde sie auf dem Boden mit voller Kraft ins Büro geschliffen.

Das Kind, von dem sie berichtete, musste über eine Stunde vor dem Teller sitzen und das Essen bis zum buchstäblichen Erbrechen in sich hineinwürgen.

Von solchen Szenen haben Sie sicherlich im Laufe Ihres Berufslebens schon gehört oder Ähnliches gar selbst erlebt. In unserer Studie haben wir Studierende kindheitspädagogischer Fachrichtungen bewusst offen danach gefragt, welche Formen des verletzenden Verhaltens Fachkräfte in ihren Einrichtungen befürchten, beobachten oder ausüben. Auf diese Weise konnten die Fachkräfte selbst mitteilen, welches Verhalten sie überhaupt als verletzend erleben (vgl. Boll & Remsperger-Kehm 2021).

Mit Blick auf die Prävention verletzender Verhaltensweisen ist dies ein wichtiger Gesichtspunkt. Deutlich wird, dass unterschiedliche Situationen jeweils ganz individuell als mehr oder weniger verletzend empfunden werden. Verletzendes Verhalten wird folglich aus der Perspektive unterschiedlicher AkteurInnen betrachtet und bewertet, nämlich aus der des Ausübenden oder der des Empfangenden. Was Verletzungen bei Kindern auslösen, müssen wir also besonders beachten.

Wie verletzendes Verhalten beginnen kann

Dass selbst Worte und Handlungen für Kinder kränkend und verletzend sein können, die von anderen gar nicht erst wahrgenommen werden, zeigen die Äußerungen der Befragten in unserer Studie deutlich:

Diese unterschwelligen Übergriffe, die verbal vorführen und diskriminieren, würde ich an dieser Stelle als Mikrogewalt beschreiben. Alles findet an einer Stelle seinen Anfang und es ist für mich denkbar, dass die Kinder diese erlebte Ignoranz seitens der erwachsenen Bezugspersonen in ihrem Heranwachsen deutlich speichern und für sich verarbeiten.

Aus dieser Perspektive kann verletzendes Verhalten bereits mit der Untätigkeit von Fachkräften beginnen, die den Kränkungen ihrer KollegInnen einfach zusehen. Etwas nicht wahrnehmen zu wollen oder zu ignorieren, gehört damit schon zum Graubereich eines verletzenden Verhaltens.

Der Graubereich verletzenden Verhaltens

Oft ist verletzendes Verhalten unterschwellig, wenig offensichtlich und unbeabsichtigt. Damit ist es schwer wahrzunehmen und einzuordnen. So kann es für Kinder verletzend sein, wenn Fachkräfte etwas nicht bedacht oder nicht gemacht haben, sich nicht gekümmert oder die Verantwortung nicht übernommen haben. Hierzu gehört, die Signale, Bedürfnisse, Empfindungen und Bildungsanlässe von Kindern nicht wahrzunehmen sowie nicht auf Kinder zu reagieren und auf sie einzugehen.

Der Graubereich verletzenden Verhaltens umfasst jedoch auch subtile verletzende Verhaltensweisen, die durchaus bewusst ausgeübt werden. Hierunter fallen ironische, hämische, sarkastische, etikettierende Aussagen. Auch vermeintlich positive Bemerkungen (wie Spitznamen), die gegenüber dem Kind oder in dessen Beisein getätigt werden, können zu Bevorzugungen und Ausgrenzungen führen. Ein Kind im Stuhlkreis auszulachen, wäre ein Beispiel hierfür. Die Grenze zur Ablehnung und Entwürdigung von Kindern kann also schnell überschritten werden.

Deutlich sichtbares verletzendes Verhalten

Das gilt vor allem für Verhaltensweisen, die nicht mehr unterschwellig, sondern deutlich nach außen sichtbar und auch mit Macht verbunden sind. Kindern wird bewusst Angst gemacht und sie werden angeschrien. Vor allem Situationen, die die Grundbedürfnisse von Kindern betreffen, sind mit Verletzungen verbunden. Kinder werden beim Essen festgehalten und zurechtgewiesen, beschimpft, wenn sie einnässen, oder fixiert, wenn sie schlafen sollen.

Zum einen beginnt ein deutlich sichtbares verletzendes Verhalten in Momenten der Überforderung. Es dient dann der Herstellung von Ordnung oder dem Einhalten von Regeln. Situationen scheinen sich zuzuspitzen und zu eskalieren. Verletzendes Verhalten ist dann ein Ausdruck von Hilflosigkeit der Fachkräfte in länger andauernden Interaktionen, die auch ganz anders hätten verlaufen können. Offenbar wird bei den Fachkräften eine Schwelle überschritten und es gibt keinen Weg zurück.

In unserer Studie schildern die Fachkräfte zum anderen , dass sich KollegInnen verletzend verhalten, um den Kindern zu zeigen, wer die oder der Stärkere ist. Ziel scheint es manchmal auch zu sein, den Willen eines Kindes zu brechen und es gefügig zu machen: »Es muss einmal richtig weh tun, dann lernen sie es.« Machtvolles verletzendes Verhalten geht dann mit der Entwürdigung des Kindes einher.

Signale nicht bemerken, wegsehen	Subtile verletzende Verhaltensweisen Ironie, Häme, Sarkasmus, Etikettierungen, Bevorzugungen, Ausgrenzungen	Ausüben von Macht Verbale und körperliche Verletzungen

Mit Blick auf die große Bandbreite verletzender Verhaltensweisen muss zur Prävention eines unangemessenen Umgangs mit Kindern jede Form und Intensität der Missachtung von Kindern und ihren Rechten (gemäß UN-Kinderrechtskonvention) betrachtet werden. Es genügt also nicht, nur über die sehr deutlichen Ausprägungen des verletzenden Verhaltens gegenüber Kindern ins Gespräch zu kommen. Vielmehr müssen wir gerade auf die sehr leisen und schwer erkennbaren ersten Anfänge achten.

Welche Folgen hat es?

Murat kommt mit einem beklebten Stück Pappe zu seiner Erzieherin und hält es in die Höhe. Margit, die aus der Pappe etwas für die Gruppe bastelt, schaut auf das Stück in Murats Hand, macht ein entgeistertes Gesicht und ruft laut: »Oh nein!« Sie reißt Murat die Pappe aus der Hand und ruft erneut mit aufgebrachter Stimme: »Nein! Nein, nein, nein, nein! Das brauch ich doch noch! Mach das wieder weg. Ich glaub's doch wohl nicht! Das brauch ich doch noch!« Murat, der seine Erzieherin zunächst mit großen Augen angeschaut hat, blickt nun nach unten.

Margits fassungsloser Gesichtsausdruck, ihr lautes und aufgebrachtes Rufen sowie das grobe Entreißen der Pappe zeigen eine mangelnde Feinfühligkeit. Hinzu kommt, dass die Erzieherin mehrfach und im Beisein anderer Kinder auf Murats »Fehler« hinweist. Margits Verhalten bewirkt, dass sich Murats Interesse und Stolz bezüglich seines Werkes in Betroffenheit verkehren. Im Anschluss an die strenge Maßregelung durch seine Erzieherin kommt Murat deren Auftrag nach und entfernt das aufgeklebte Papier von der Pappe. Der Junge fühlt sich durch das Verhalten seiner Erzieherin vermutlich weder wertgeschätzt noch in seinen Lernprozessen bestärkt, sondern abgelehnt und beschämt. (vgl. Remsperger 2008)

Reagieren pädagogische Fachkräfte mit einer geringen oder fehlenden Feinfühligkeit auf Kinder, kommt es vor, dass sich Kinder aus der Interaktion mit den Fachkräften zurückziehen und sich abwenden. Sie unterbrechen den Blickkontakt, drehen den Kopf weg, ziehen ihre Werke, die sie gerade gezeigt haben, zurück. Manche beenden die Interaktion, indem sie weggehen. Ebenso gibt es Kinder, die auf ein wenig feinfühliges und wenig anregendes Verhalten der pädagogischen Fachkräfte passiv und angepasst reagieren. Sie tragen weniger zur Interaktion bei, scheinen sich unterzuordnen und akzeptieren das lenkende Verhalten der Fachkräfte. Dabei handeln die Kinder jedoch fremdbestimmt und automatisiert und erfüllen die Handlungsanweisungen der Fachkräfte (vgl. Remsperger 2011).

Die Reaktionen von Kindern auf ein wenig feinfühliges Verhalten von Fachkräften lassen sich also durchaus beschreiben. Jedoch gibt es bislang noch keine empirisch gesicherten Erkenntnisse darüber, was Kinder bei einem verletzenden Verhalten durch pädagogische Fachkräfte empfinden. Wie mag es Kindern ergehen, wenn sie mit abwertenden, skeptischen oder ungläubigen Blicken adressiert werden? Wenn die Fachkraft die Nase rümpft, den Kopf schüttelt oder wegdreht oder mit der Hand abwinkt? Was empfinden Kinder, wenn sie nicht ernst genommen und ihre Hilfegesuche und Bedürfnisse abgewiesen werden? Und wie fühlen sie sich, wenn manche Fachkräfte ihre Geringschätzung durch ironische Bemerkungen und Unterstellungen ausdrücken?

In den aktuell vorliegenden Untersuchungen zum verletzenden Verhalten in Kitas berichten die befragten Fach- und Leitungskräfte durchaus über deutliche Reaktionen von Kindern. Kinder weinen, erstarren oder sind so aufgebracht, dass sie eine intensive Zuwendung der Fachkräfte brauchen und getröstet werden müssen (vgl. Boll & Remsperger-Kehm 2021, Schrauth 2021). Zugleich ist anzunehmen, dass Kinder auf verletzendes Verhalten oft kaum sichtbar nach außen reagieren, sondern eher still, zurückhaltend, in sich gekehrt. Beobachtungen in der Praxis bestätigen, dass Kinder mit Scham, Verängstigung und Passivität auf verletzendes Verhalten reagieren. Sie zeigen weniger Kreativität und ziehen sich zurück (vgl. Schulz & Frisch 2015).

Über mögliche Auswirkungen eines verletzenden Verhaltens auf die Entwicklung von Kindern liegen derzeit noch keine gesicherten Forschungsergebnisse vor. Jedoch ist zu befürchten, dass Kinder das Vertrauen in die Kita als sicheren Ort verlieren und dort nicht mehr gern hingehen. Das Selbstwertgefühl der Kinder und ihr Selbstbewusstsein können beschädigt werden. Einigen Kindern ist es vielleicht nicht möglich, sich an ihre Eltern zu wenden. Eventuell ziehen sich die Kinder zurück oder verstummen. Laut Maywald (2019) besteht die Gefahr, dass Kinder u.a. Verhaltensauffälligkeiten, seelische Störungen, Kontakt- und Beziehungsstörungen oder auch psychosomatische Beeinträchtigungen entwickeln. Langfristig können verletzende Beziehungen Kinder unglücklich machen und ihren Bildungsverläufen bis ins Erwachsenenalter hinein schaden (vgl. Prengel 2019). Dabei sind miterlebte Verletzungen bei anderen Kindern auch eine Form selbst erlittener Gewalt. Wird verletzendes Verhalten immer wieder und über Jahre erlebt, entwickeln Kinder ein negatives Selbstbild. Im Jugendalter kann das dazu führen, dass Jugendliche versuchen, dieses negative Selbstbild aufzuwerten, indem sie wiederum andere verletzen und erniedrigen (vgl. ebd.). Verletzendes Verhalten wird auf diese Weise fortgeführt.

Welche Ursachen gibt es?

Ich denke, dass viele Fachkräfte ermüdet sind, in ihrem Beruf nicht mehr das sehen, was sie sehen sollten bzw. könnten, weil die Sensibilisierung für die Wertschätzung des Kindes verloren gegangen ist oder vielleicht nie vorhanden war.

Das Zitat aus der Studie zu verletzendem Verhalten in Kitas verdeutlicht, wie vielfältig und verwoben die unterschiedlichen Ursachen für verletzendes Verhalten gegenüber Kindern sind. Aus der Perspektive pädagogischer Fachkräfte reichen die Gründe von persönlichen und berufsbiografischen Ursachen bis hin zu prekären Rahmenbedingungen in den Einrichtungen. Für Leitungskräfte und alle, die gemeinsam mit pädagogischen Teams an der Vermeidung eines verletzenden Umgangs mit Kindern arbeiten, bietet das Wissen über die Vielfalt an möglichen Ursachen wichtige Anhaltspunkte. In diesem Abschnitt werden wir daher zunächst strukturelle Ursachen skizzieren und anschließend persönliche und berufsbiografische Ursachen aufführen.

Strukturelle Ursachen für verletzendes Verhalten

Ursache	Erläuterung
Der ganze Stress	• Überforderung im Umgang mit Kindern (Ungeduld; Zwang zur Eile; impulsives, unreflektiertes Handeln) • Überforderung durch hohe alltägliche Belastung (Zeitdruck; Anspannung; fehlende Erholungspausen; Funktionieren müssen; Alleinesein der Fachkräfte in Alltagssituationen; emotionale Überlastung; Verzweiflung; Hilflosigkeit; Frust; Unzufriedenheit)
Mangelnde Qualität ...	• der Leitung (fehlende Durchsetzungsfähigkeit oder Mut; falsche Loyalität oder Ignoranz; fehlende Qualifikation und Professionalität; Nichteingreifen bei verletzendem Verhalten – auch aufgrund privater Verflechtungen; eigenes verletzendes Verhalten gegenüber Kindern) • des Teams (Tolerierung verletzenden Verhaltens – auch vor dem Hintergrund des Harmoniebedürfnisses im Team; Konkurrenzkämpfe; mangelnde Verantwortungsübernahme; unangemessene Umgangsformen; fehlender Respekt und mangelnde Solidarität) • der Rahmenbedingungen (Personalmangel; permanente Unterbesetzung; übervolle Gruppen; unzureichende Räumlichkeiten; fehlende zeitliche Ressourcen; fehlende konzeptionelle Grundlagen; zu geringe Qualifikation des Personals; zu wenig Fort- und Weiterbildung; fehlende Supervision; unzureichende Gewährleistung der Aufsichtspflicht; fehlende Sanktionierung und Vertuschung verletzenden Verhaltens; fehlende Unterstützung und Qualität des Trägers)

Persönliche und berufsbiografische Ursachen für verletzendes Verhalten

Ursache	Erläuterung
Wenn man es selbst nicht anders kennt	• eigene, nicht aufgearbeitete biografische Erfahrungen (eigene Kindheitserlebnisse; Gewalterfahrung; Traumatisierung) • Erziehungstraditionen, Bilder von Erziehung (eigene negative Erziehungserfahrungen) • aktuelle Lebensumstände (aktuelle private Belastungssituationen; Unzufriedenheit) • fehlende Handlungsalternativen (eigene Erlebnisse und Erfahrungen spiegeln sich unbewusst in den Interaktionen mit Kindern und es wird vermutlich auf erlernte Verhaltensmuster zurückgegriffen)
Es fehlt an ...	• Professionalität (unzureichendes pädagogisches Wissen, auch über Handlungsalternativen; zu wenig Fort- und Weiterbildung; zu wenig Verständigung über Erziehungsvorstellungen) • Einfühlungsvermögen (Bedürfnisse, Signale und Empfindungen von Kindern werden nicht wahrgenommen; Entwicklung von Abstumpfungstendenzen) • Wertschätzung und Respekt gegenüber Kindern • Gesprächsbereitschaft und Reflexionsfähigkeit (fehlende regelmäßige Selbst- und Fremdreflexion; ausbleibende Auseinandersetzung mit der Übertragung privater Probleme; zu geringe Auseinandersetzung mit Antipathien und Stereotypisierungen sowie mit Unsicherheiten im Umgang mit Kindern) • Sachlichkeit und Fehlerfreundlichkeit (mangelnde Trennung von Beruflichem und Privatem; zu wenig etablierte Kommunikationskultur; Kritik wird persönlich genommen) • Eignung (z.B. Beharren auf fachlich überholten Erziehungsvorstellungen
Immer die gleichen	• einzelne Fachkräfte verhalten sich wiederkehrend machtvoll und verletzend • einzelne Kinder erfahren wiederkehrend verletzendes Verhalten • immer wieder die gleichen KollegInnen schreiten nicht ein und lassen die verletzenden KollegInnen gewähren.
Wenn Machtverhältnisse ausgenutzt werden	• Rechtfertigung von Machtausübung und Adultismus (bewusste Demonstration von Macht; Überzeugung, dass Kinder »gezüchtigt« werden müssen) • bewusster Einsatz von Hierarchie und Angst (sich selbst als Stärkere durchsetzen; Kindern Angst machen) • vorrangige Berücksichtigung der Interessen der Fachkräfte (Durchsetzen des eigenen Willens; Nichtabweichen von eigenen Standpunkten) • eigene Bedürfnisbefriedung in Verbindung mit Belohnungen für Kinder

Die Übersichten zu persönlichen und berufsbiografischen sowie zu strukturellen Ursachen eines verletzenden Verhaltens verdeutlichen, wie verwoben die Hintergründe für das Verhalten pädagogischer Fachkräfte sein können. Verletzendes Verhalten in Kitas ist somit ein komplexes Geschehen, an dem mehrere Personen beteiligt sind. Individuelle, fachliche, einrichtungsbezogene, aber auch gesellschaftliche und politische Hintergründe spielen ebenfalls eine Rolle. Sie begünstigen durch ihr Zusammenwirken das Fehlverhalten von Fachkräften (vgl. Maywald 2019). Für den Umgang mit verletzenden Verhaltensweisen in Kita-Teams ist es daher wichtig, dieses Zusammenspiel sorgsam anzuschauen und zu reflektieren.

Näher betrachtet bedeutet das, dass die Ursachen für verletzendes Verhalten nicht allein bei der einzelnen Fachkraft gesucht werden können. Zugleich ist es nicht ausreichend, die Gründe für verletzendes Verhalten ausschließlich den schlechten Rahmenbedingungen zuzuschreiben. Studien zeigen, dass einzelne Fachkräfte unter gleichen institutionellen Bedingungen sehr unterschiedlich handeln. Neben feinfühlig interagierenden Fachkräften gibt es KollegInnen, die verletzendes Verhalten ganz offen vor anderen zeigen. Institutionelle Strukturen sind demzufolge zwar eine bedeutsame, aber nicht die alleinige Einflussgröße auf pädagogisches Handeln. In einzelnen Fällen muss angenommen werden, dass Fachkräfte davon überzeugt sind, dass ihr verletzendes Verhalten als professionelles Handeln legitimiert werden kann (vgl. Prengel 2019). Die Diskussion über Erziehungsvorstellungen und ethische Wegmarken ist demzufolge unumgänglich, wenn gemeinsam verletzendes Verhalten verhindert werden soll.

2.3 Umgang mit verletzendem Verhalten

Starke Gefühle

Die Tatsache, dass ich nichts gesagt habe – nur meine Zukunft und nicht die dieses Kindes im Blick hatte –, belastet mich aber noch immer, was ich daraus schließe, dass mir diese Vorfälle auch heute noch sehr negativ und detailliert im Gedächtnis sind, obwohl sie mittlerweile bereits fast 20 Jahre zurückliegen.

Verletzendes Verhalten zu beobachten und mitzuerleben, kann bei pädagogischen Fachkräften ganz unterschiedliche Empfindungen auslösen. Diese Emotionen sind manchmal so stark, dass die erlebte Situation noch über Jahre erinnert und nachempfunden wird. Wenn in Kita-Teams über verletzendes Verhalten gesprochen wird, muss uns bewusst sein, dass wir auf einer Ebene miteinander diskutieren, die für die einzelne Fachkraft sehr bewegend sein kann. Ebenso ist es für das Handeln in der konkreten Interaktion, in der ein Kind verletzt wird, wichtig zu beachten, dass die Situation emotional hoch aufgeladen sein kann. Hier braucht es eine hohe Sensibilität für die Deeskalation des Geschehens.

Schock

Ich war fassungslos und erschüttert über die beobachtete Situation.

Dass es gar nicht so einfach ist, eine Situation zu »entschärfen«, ist verständlich, wenn man berücksichtigt, dass die beobachtenden Fachkräfte zunächst förmlich unter Schock stehen. Starke Empfindungen, wie Erschütterung, Entsetzen, Fassungslosigkeit, Atem- und Sprachlosigkeit, gehen mit Schock einher.

Hilflosigkeit

Das Schlimmste aber ist das Gefühl, dass ich weiß, was gerade hier passiert, dass ich weiß, was es auslösen kann, und ich fühle mich, als seien meine Hände gebunden – weil ich »nur« eine Praktikantin bin ohne professionelle Einsicht und Meinung.

Hilflosigkeit ist ein Zustand, der dem Schock folgt, und der von dem Gefühl, allein zu sein, geprägt ist. Gepaart mit Anspannung, Verzweiflung und Überforderungen fühlen sich Fachkräfte ohnmächtig und machtlos. Sie scheinen gefangen in einer Situation, die sowohl das Kind als auch sie selbst über sich ergehen lassen. Ein Grund dafür ist die Angst davor, dass KollegInnen eine mögliche Kritik persönlich nehmen. Ebenso werden heftige Reaktionen oder Gegenargumente befürchtet, die man selbst vielleicht nur schwer entkräften kann. Darüber hinaus sorgen sich die Fachkräfte, das Teamklima zu stören, sich unbeliebt zu machen, ausgegrenzt zu werden oder sogar negative Auswirkungen mit Blick auf die eigene berufliche Zukunft hinnehmen zu müssen. Schließlich bezieht sich die empfundene Angst auch auf die Kinder, die man nicht gut genug hat schützen können.

Die eigene Hilflosigkeit ist zudem mit einem deutlichen Gefühl des Unwohlseins und der Beklemmung verbunden. Fachkräfte sind sehr angespannt, emotional aufgewühlt, denken fortwährend nach, empfinden ständig Unruhe oder haben das Gefühl, keine Luft mehr zu bekommen. Unwohlsein und Beklemmungen zeigen sich also auch körperlich. Fachkräfte, die verletzendes Verhalten beobachten, berichten von Schmerz, Trauer und Mitgefühl. Mitunter auch geprägt durch Erfahrungen in der eigenen Kindheit, können sich Fachkräfte in die Kinder einfühlen. Sie verspüren den starken Drang, die Kinder schützen zu müssen. Zugleich können einige Fachkräfte sich auch in die Situation der KollegInnen einfühlen, die Kinder verletzen. Für die Deeskalation von Interaktionssituationen ist das besonders bedeutsam.

Scham

Wenn ich mich selbst dabei erwische, dass ich verletzende Verhaltensweisen ausübe, schäme ich mich sehr. Ich bin dann enttäuscht von mir, weil ich es besser weiß, als mich so zu verhalten.

Als weiteres Gefühl wird von Fachkräften die Scham benannt. Fachkräfte schämen sich über sich selbst, wenn sie Kinder nicht gut behandelt haben. Ebenso empfinden sie Scham, wenn sie nichts gegen das verletzende Verhalten ihrer KollegInnen unternommen und ein Kind somit im Stich gelassen haben. Der Ärger und das schlechte Gewissen halten mitunter über Jahre an. Schließlich schämen sich Fachkräfte für das Verhalten ihrer KollegInnen, wollen diese jedoch nicht beschämen.

Gratwanderung

Immer wieder die Frage, ab wann greife ich ein und wo warte ich ab.

In unserer Studie wird der Zwiespalt sehr deutlich in einer Empfindung, die die Fachkräfte als Gratwanderung bezeichnen. Ausgehend von einem aufkeimenden Konfliktgefühl sind die Fachkräfte hin- und hergerissen: Einerseits besteht der starke Wunsch, beobachtete Ungerechtigkeiten und Verletzungen anzusprechen, andererseits schildern die Fachkräfte ihre Unschlüssigkeit und Unsicherheit darüber, als Fachperson in eine Situation einzugreifen. Sie sind sich nicht sicher, ob sie ihrer Wahrnehmung und Einschätzung trauen können. Für diese Unsicherheit gibt es mehrere Gründe. Zum einen versuchen Fachkräfte, sich in die Situation ihre KollegInnen hineinzuversetzen und deren Handeln zu verstehen. Zum anderen unterbinden einige Fachkräfte aus Respekt vor der Erfahrung der KollegInnen, aber auch aus Angst das verletzende Verhalten nicht. Wut, Unzufriedenheit und Sorge bleiben jedoch.

Wut und Unverständnis

Im Fall der eigenen KollegInnen im Team ist es eher Verzweiflung und manchmal auch Wut, dass es bei den eigenen Leuten aus dem Team noch nicht angekommen ist, welches Verhalten in der Kita gewünscht ist.

Zunächst beziehen sich Wut und Unverständnis auf die verletzenden Verhaltensweisen an sich. Die Fachkräfte sind empört, fassungslos und sprachlos. Sie können es nicht nachvollziehen, wie KollegInnen mit Kindern umgehen. Bleiben Konsequenzen in der Kita aus, sind sie sehr frustriert.

Verantwortung

Ich konnte und wollte das Mädchen mit ihrem Gefühl der Ohnmacht und Hilflosigkeit nicht allein lassen und habe mich deshalb direkt eingebracht. Ich habe für das Kind in Worte gefasst, was es gerade erlebt hat und wie es sich dabei fühlte.

Wut und Unverständnis führen auch dazu, dass Fachkräfte Verantwortung übernehmen und bewusst für die Bedürfnisse und Rechte eines Kindes eintreten. Fachkräfte wissen, was ein Kind braucht, beziehen deutlich Position und wollen das Kind schützen. Ohne Zögern gehen Fachkräfte dann auf Kinder zu, um das Fehlverhalten einer KollegIn zu kompensieren.

Zwischen Schweigen und Handeln

Oft sind Fachkräfte abgestumpft, sie hören nicht mehr das Verletzende heraus oder wollen es nicht hören, weil es zu viel Anstrengung mit sich bringen würde, wenn sie KollegInnen auf ihr Verhalten ansprechen. Dann müsste sie sich auseinandersetzen und hinterfragen, reflektieren. Es ist im Alltag einfacher, nichts zu hören, nichts zu sehen.

Schweigen, Nichtstun, Wegsehen und Weghören

Für pädagogische Fachkräfte ist es schwer, verletzende Verhaltensweisen anzusprechen und darüber zu reden. Es scheint, als wüssten viele oder alle Fachkräfte eines Teams über die Vorkommnisse Bescheid, aber viel zu oft sagt oder tut niemand etwas. Manchmal wird verletzendes Verhalten auch bewusst ausgeblendet. Es wird weggesehen oder der Raum verlassen, um das verletzende Verhalten nicht wahrzunehmen. Das Verhalten wird einfach ignoriert. Schweigen, Nichtstun sowie Wegsehen und Weghören haben eine Vielzahl an Ursachen, wie in der Übersicht dargestellt.

Schweigen

- Hierarchie- und Abhängigkeitsverhältnisse
- Unerfahrenheit und Unsicherheit
- fehlender Mut und fehlendes Selbstbewusstsein
- fehlende offene Kommunikationskultur in den Teams
- Angst vor Konflikten
- Vermeidung von Kritik gegenüber KollegInnen
- Angst vor dem eigenen Ausschluss aus dem Team
- Bequemlichkeit, Gleichgültigkeit
- zeitliche Engpässe

Nichtstun	• Einzelkämpfertum der Fachkräfte • ausbleibendes Handeln der Leitung • Abwarten der Leitung, bis sich Eltern beschweren • fehlende Reaktionen der Leitung auf die Beschwerden der MitarbeiterInnen • Hierarchie- und Abhängigkeitsverhältnisse • Angst vor Konflikten • Unsicherheit, Unerfahrenheit, fehlendes Selbstbewusstsein und fehlender Mut • Loyalität gegenüber KollegInnen
Wegsehen und Weghören	• Loyalität gegenüber KollegInnen • Abstumpfung • Ermüdung • mit der Wahrnehmung und dem Ansprechenmüssen verbundene Anstrengungen • Aufrechterhalten der Alltagsabläufe • geringe Zeit • Vermeiden von Reflexion und Aufarbeitung • fehlende oder verlorengegangene Sensibilisierung für die Bedürfnisse des Kindes • zunehmende Resignation • ausbleibende Intervention der Leitung

Forcieren

Bei verletzendem Verhalten wird jedoch nicht nur weggesehen, weggehört, geschwiegen und nicht gehandelt. Manchmal wird verletzendes Verhalten sogar unterstützt und für richtig gehalten. Es wird also forciert.

Verletzendes Verhalten wird als nicht bedeutsam erachtet und oft von anderen belächelt und abgetan.

In manchen Fällen beteiligen sich Fachkräfte am verletzenden Verhalten einer KollegIn. Werden Fachkräfte auf das verletzende Verhalten angesprochen, verteidigen, verharmlosen oder beschönigen sie es und bewerten die Einschätzung der beobachtenden Fachkraft als übertrieben. Mitunter spielen auch Leitungskräfte verletzendes Verhalten herunter. Gerade gegenüber Fachkräften, die neu in Teams kommen und verletzendes Verhalten gegenüber KollegInnen oder der Leitung ansprechen, wird verletzendes Verhalten heruntergespielt. Das Beharren auf tradierten Erziehungsvorstellungen kann schließlich dazu führen, dass es in Teams zu Koalitionen oder sogar zu Spaltungen kommt.

Zeitnah ansprechen und eigene Wege gehen

Wie belastend es für einzelne Fachkräfte sein kann, zeigt sich, dass sie verletzendes Verhalten mutig, verantwortungsbewusst und direkt ansprechen, sich aber gleichzeitig als EinzelkämpferInnen sehen und ihre eigenen Wege gehen. Um Kinder zu schützen, schreiten sie in das verletzende Verhalten der KollegInnen ein und beruhigen und trösten die betroffenen Kinder. Die Fachkräfte verfügen über eine hohe Sensibilität für sich zuspitzende Situationen und fühlen sich aber auch in die Situationen der KollegInnen ein. Sie sprechen die KollegInnen an – in bewusst gewählten Momenten im Nachgang der Situation. Darüber hinaus dokumentieren sie das verletzende Verhalten, um einen Nachweis für ihre Wahrnehmungen und Eindrücke zu haben. Nicht zuletzt reflektieren die Fachkräfte auch das eigene Interaktionsverhalten, damit sie gezielt um Hilfe bitten können, wenn sie an Grenzen stoßen. Bleibt jedoch eine Unterstützung durch die Leitung aus und werden die individuellen Belastungen zu groß, verlassen einzelne Fachkräfte sogar die Einrichtung. Es braucht also eine starke Leitung, die klare Strukturen schafft, um verletzende Verhaltensweisen im Team aufzuarbeiten.

Feinfühliges und entschlossenes Handeln von Leitungen

Ich halte es für wichtig, die Kollegin in der Situation zu stoppen, aber auch zu unterstützen. Eventuell ist es möglich, sie galant aus der Situation zu holen – ebenso wie das Kind –, beide räumlich zu trennen und ihnen damit Zeit zu geben. Ein klärendes Gespräch sollte dringend im Anschluss stattfinden, damit die Situation reflektiert werden kann und um festzustellen, was ich oder andere KollegInnen tun können, um einer solchen Situation vorzubeugen.

Präsenz im Alltag

Mit verletzendem Verhalten im Kollegium umzugehen, ist auch für Leitungen eine Herausforderung. Zum einen braucht es fachliches Wissen, um die Angemessenheit pädagogischer Verhaltensweisen einordnen zu können. Zum anderen ist eine hohe Präsenz der Leitung im pädagogischen Alltag notwendig, um sich zuspitzende Situationen entweder selbst zu erkennen oder darüber berichtet zu bekommen. Dass Leitungen für pädagogische Fachkräfte erreichbar sind, ihnen zuhören und sie wahr- und ernst nehmen, ist für die Fachkräfte das A und O bei der Prävention verletzenden Verhaltens.

Vertrauen nicht verspielen und handeln

Die Leitung anzusprechen und ihr die eigenen Beobachtungen anzuvertrauen, verlangt von den Fachkräften Überwindung und setzt ein großes Vertrauen voraus – das nicht verspielt werden darf: Es genügt nicht, nur ein offenes Ohr zu haben, die Funktion von Leitung muss auch aktiv genutzt werden. Ein mutiges und entschlossenes Handeln der Leitung ist hier ganz entscheidend. Verletzendes Verhalten soll wahrgenommen und muss klar benannt werden – und zwar nicht erst dann, wenn sich Eltern beschweren. Keinesfalls dürfen verletzende Interaktionssituationen heruntergespielt werden. Vielmehr müssen Leitungen die Verantwortung übernehmen und für die regelmäßige Sensibilisierung der Thematik sorgen. In Einzelgesprächen, Dienstbesprechungen und Supervisionen kann verletzendes Verhalten reflektiert und aufgearbeitet werden – insbesondere dann, wenn Leitungen ein angstfreies und fehlerfreundliches Klima schaffen und mit viel Fingerspitzengefühl mit den KollegInnen sprechen.

Kultur der gegenseitigen Rückmeldung und Unterstützung

Die Fachkräfte, die wir in unserer Studie zu verletzendem Verhalten befragt haben, wünschen sich Austauschmöglichkeiten im Kollegium, ohne dass hieraus Nachteile für sie selbst und andere entstehen. Aus ihrer Sicht benötigt es eine Kita-Kultur, die von Wertschätzung, Achtung und Fehlerfreundlichkeit geprägt ist. Wir sprechen hier auch von einer Kultur der gegenseitigen Rückmeldung und Unterstützung. Fachkräfte möchten auf Augenhöhe offen und ehrlich miteinander ins Gespräch kommen und wollen nicht beschämt werden. Der Leitung wird bei der Entwicklung dieser fehlerfreundlichen Kultur eine zentrale Rolle zugeschrieben. Sie hat hier eine Vorbildfunktion. Eine fehlerfreundliche Kultur ist die Grundlage dafür, dass Fachkräfte eigene Überforderungen ansprechen und um Hilfe bitten.

Ich habe für mich in den letzten Jahren gelernt, dass ich es mir eingestehen muss, wenn ich überfordert bin oder es mir nicht gutgeht, und ich dann um Unterstützung oder Hilfe bei meinem Team und meiner Leitung bitte, dass das überhaupt nichts Schlimmes ist.

Präventionsmöglichkeiten schaffen

Diese langsame und schrittweise Öffnung im Team erzeugt bei den Fachkräften ein Gefühl der Sicherheit. Sie können sich mehr und mehr mitteilen und reflektieren sowie gemeinsam mit der Leitung Wege der Prävention entwickeln.

Durch viele Situationen mit den Kindern, die jeweils besprochen und reflektiert wurden, ergaben sich häufig emotionale Ausbrüche bzw. Momente in den Gesprächen.

Autobiografische Erfahrungen prägen die Haltung, und an dieser zu arbeiten, bedeutet an sich selbst zu arbeiten. Das ist – auch mir – zu Beginn sehr schwergefallen, jedoch konnte ich in diesem Prozess lernen, dass eine kritische Reflexion und ein kontinuierlicher Austausch eine Sicherheit in der pädagogischen Praxis erwirkte. Im Zuge dessen konnten wir uns als Kita auf einen gemeinsamen Weg begeben, ein eigenes Kinderschutzkonzept und einen Handlungsplan zu erarbeiten, der uns in unserer pädagogischen Arbeit unterstützt und an dem wir uns orientieren können.

Sensitive Responsivität von Leitungskräften

Deutlich wird, dass zur Prävention eines verletzenden Verhaltens in Kitas ein sehr feinfühliges und entschlossenes Handeln der Leitung notwendig ist. Wenn feinfühliges Verhalten darin besteht, die Signale eines Gegenübers wahrzunehmen und angemessen darauf zu reagieren, dann bieten die Merkmale Sensitiver Responsivität auch für Leitungskräfte eine wichtige Orientierung im Umgang mit dem Kollegium. Reflexionsfragen zur Sensitiven Responsivität von Leitungskräften (siehe Vorlage *V15*) sollen hier die zentralen Wegmarken zur Schaffung einer wertschätzenden Teamkultur bündeln. Sie können ergänzt werden durch die Reflexionsfragen für pädagogische Fachkräfte (Vorlage *V14*) sowie durch Reflexionsfragen für Trägervertreter und Fachberatungen (Vorlage *V16*), um auf allen Ebenen einer Kindertageseinrichtung für ein achtsames Miteinander eintreten zu können.

Reflexionsfragen zur Sensitiven Responsivität von Leitungskräften

Signale bemerken

Zugänglichkeit und Aufmerksamkeit

- Nehme ich es wahr, wenn Situationen sich zuspitzen und Kinder verletzt werden?
- Nehme ich es wahr, wenn KollegInnen an Grenzen kommen?
- Nehme ich es wahr, wenn KollegInnen mir ihre Beobachtungen und Nöte mitteilen wollen?
- Höre ich den KollegInnen aufmerksam zu?

Sich auf die Signale hin angemessen verhalten

Promptheit der Reaktion, Richtigkeit der Interpretation

- Reagiere ich, wenn Situationen sich zuspitzen und Kinder verletzt werden?
- Reagiere ich, wenn KollegInnen an Grenzen kommen und unterstütze ich sie?
- Ergründe ich, wie es zur Eskalation einer Situation kam?
- Stehe ich verlässlich als AnsprechpartnerIn zur Verfügung, wenn es meine Hilfe gefragt ist?

Haltung

- Nehme ich die Anliegen der KollegInnen ernst?
- Begegne ich den KollegInnen mit Akzeptanz, Wertschätzung und Respekt?
- Gebe ich den KollegInnen die Möglichkeit, gesichtswahrend und auf der Basis eigener Lösungsvorschläge schwierige Situationen zu bewältigen?

Involvement/ eigenes Engagement

- Spreche ich KollegInnen aktiv an, wenn ich merke, dass es zu Spannungen kommt?
- Signalisiere ich den KollegInnen konstant, dass ich als offene und wirklich interessierte AnsprechpartnerIn zur Verfügung stehe?
- Übernehme ich Verantwortung und trage selbst zur Deeskalation von Situationen bei?
- Wende ich mich bei gravierenden Grenzverletzungen an den Träger und an zuständige Behörden?

Emotionales Klima

- Spreche ich selbst im Alltag wertschätzend mit den KollegInnen?
- Können sich die KollegInnen mir gegenüber ohne Ängste äußern und über Fehler sprechen?
- Schaffe ich Räume, in denen auch über Gefühle und eigene biografische Hintergründe gesprochen werden kann?
- Nehme ich Spannungen im Team wahr und versuche ich diese zu bearbeiten?

Stimulation/ Anregung

- Setze ich eigene Wegmarken und sorge kontinuierlich für die Reflexion eines angemessenen pädagogischen Verhaltens?
- Setze ich mich für die kontinuierliche Weiterbildung der pädagogischen Fachkräfte ein?
- Informiere ich mich regelmäßig zu pädagogischen Konzepten, die den Schutz von Kindern gewährleisten sollen?

3. Praxisteil: Verletzendes Verhalten im Team bearbeiten

Über verletzendes Verhalten mit einem Team ins Gespräch zu kommen, ist eine anspruchsvolle Aufgabe. Zumindest wenn das Ziel lautet, dass eine Kultur des Miteinander-Sprechens, des Zuhörens, des achtsamen Umgangs entstehen oder gestärkt werden soll, um sich über problematische Situationen und Überforderungshandlungen auszutauschen. Hierzu braucht es mehr als unterschriebene Verhaltenskodexe, Schutzkonzepte und Ampelsysteme. Es braucht die Bereitschaft aller Fachkräfte, sich ehrlich und offen mit der Thematik auseinanderzusetzen. Als Leitung, FortbildnerIn oder Fachberatung können Sie maßgeblich zur Entstehung einer offenen und fehlerfreundlichen Einrichtungskultur beitragen. Die Methodenvielfalt in diesem Kapitel dient Ihnen als Unterstützung, um individuell – je nach Teamsituation – mit den Fachkräften arbeiten zu können. Für das Praxiskapitel bedeutet das, dass es keinen bestimmten Ablauf oder linear aufeinanderfolgende Methoden gibt. Vielmehr hängen die Auswahl und Zusammenstellung von Ihrer Einschätzung ab, was für Ihr Team das Passende ist. Wir regen dazu das Arbeiten in drei Phasen an und haben jeweils markiert, welche Übungen sich zum Einstieg und am Ende einer Phase für den Übergang in die nächste Phase besser eignen. Beispielszenen zu den einzelnen Methoden finden Sie im Anhang. Vorlagen *(V1 – V16)* sind online abrufbar unter: https://verlagdasnetz.de/home/verlagsprogramm-181/handlungskonzepte/2382-verantwortlich-handeln.html, Passwort: brvhvdn2022.

Die erste Phase Annäherung dient dazu, in das Thema zu finden, Vertrauen und Sicherheit zu gewinnen, um über Situationen verletzenden Verhaltens zu sprechen. Für diese Phase ist es wichtig, dass nicht auf Beispiele aus der eigenen Kita zurückgegriffen wird, sondern auf fiktive Szenen. Hierdurch können Sie sich dem Thema mit Abstand nähern und austauschen.

Die zweite Phase Vertiefung beinhaltet Methoden, um eigene erlebte Situationen zu reflektieren und mit sich selbst in das Gespräch zu kommen. Die Methoden sind deshalb so angelegt, dass kein Teammitglied die eigene Vorstellung und damit auch das eigene Fehlverhalten offenbaren muss. Es geht vielmehr darum, zunächst in einem allgemeinen Austausch Übereinstimmungen, Ähnlichkeiten und Zusammenhänge zu finden.

Erst in der dritten Phase Gemeinsam handeln können reale oder auch anonymisierte Szenen gemeinsam betrachtet und auf neue Handlungsmöglichkeiten hin analysiert werden. Hierfür ist eine Sicherheit des Teams und seiner Mitglieder notwendig, die durch die vorherigen Phasen erreicht werden soll.

3.1 Erste Phase – Annäherung

Um mit dem eigenen Team in das Thema hineinzufinden, braucht es ein behutsames Vorgehen. Das Ziel in dieser ersten Phase heißt Öffnung und der erste Schritt hierzu ist das Zuhören. Die Teammitglieder erkennen, dass es unterschiedliche Perspektiven gibt und dass es interessant und gut ist, die Begründungen für Verhaltensweisen zu erfahren. Sicherlich ist es manchmal schwierig, andere Meinungen und Einstellungen stehen zu lassen. Es ist jedoch notwendig, dass wir diese Verschiedenheit auch als Möglichkeit sehen, und erkennen, dass z.B. Normen und Werte aufgrund von Biografie und bzw. oder Kultur diverser entwickelt sind. Es geht also in dieser Phase nicht primär um das Richtig oder Falsch, sondern um das Zuhören und Nachdenken, so dass die eigenen Gedanken um andere Betrachtungsweisen erweitert werden können.

		Methode	Vorlage
Einstieg	A1	Wir öffnen uns	
	A2	Rahmenkette für den Austausch	V1
	A3	Verletzendes Verhalten aus Sicht des Kindes	
Hauptteil	A4	ABC des verletzenden Verhaltens	
	A5	ABC des wertschätzenden Verhaltens	
	A6	Merkmale von Verletztheit	
	A7	Gelingende Interaktionen	V2
	A8	Misslingende Interaktionen	V3
	A9	Verletzendes Verhalten mir selbst gegenüber	V6
	A10	Eigene Definition von verletzendem Verhalten	
	A11	Gemeinsame Definition von verletzendem Verhalten	
	A12	Szenen einschätzen	V6
	A13	Szenen neu bewerten	V6
Übergang	A14	Sich in andere einfühlen	V4
	A15	Szenenanalyse: Was fehlt wem?	V5
	A16	Verletzendes Verhalten erleben – Wegschauen	
	A17	Verletzendes Verhalten erleben – Grenzen und Hindernisse	

A1 Wir öffnen uns

Worum geht's?

- Ängste benennen
- Konkrete Wünsche und Erwartungen äußern

Vorbereitung

Materialien	Sozialform	Zeit[1]
• Plakat mit der Aufschrift »Das macht mir an dem Thema Angst« • Pro TeilnehmerIn (TN) je eine Karte mit der Überschrift: »Das macht mir Mut«, »Das will ich nicht«, »Das wünsche ich mir« • Evtl. weitere Flipcharts	Teamarbeit	ca. 45 Minuten

Ablauf

Um Ihr Team für das Thema zu öffnen, ist es gut, wenn eventuelle Ängste von Anfang an gewürdigt werden. Diese Ängste können Sie direkt zu Beginn offenlegen lassen. Dafür schlagen wir drei Möglichkeiten vor:

- Sie lassen jedes Teammitglied vorab Ängste aufschreiben. Bereiten Sie hierfür einen Zettel vor, auf welchem z.B. steht: »Das macht mir an dem Thema Angst.« Die formulierten Ängste übertragen Sie dann auf ein Plakat.
- Sie lassen in der Teamsitzung zunächst die Ängste aufschreiben (individuelle Zettel) und fragen anschließend, wer was geschrieben hat und übertragen es auf das Plakat.
- Sie lassen direkt auf ein Gemeinschaftsplakat die Ängste notieren, ohne dass dabei gesprochen wird.

Im Ergebnis haben Sie dann ein »Angst«-Plakat, auf welchem alle Ängste des Teams erfasst werden können. Bestätigen Sie Ihr Team in seinem Unwohlsein und den notierten Ängsten. Das Nennen der Ängste ist ein wichtiger Schritt hin zu einer achtsameren Pädagogik.

Teilen Sie dann die drei weiteren Karten aus, auf welchen die Teammitglieder ihre Erwartungen und Wünsche festhalten. Lassen Sie diese nachfolgend vortragen und befestigen Sie sie auf weiteren Plakaten, damit diese Erwartungen sichtbar sind.

---

1 Die Zeitangabe bezieht sich auf die ungefähre Bearbeitungsdauer in einem Team von 10 Personen. Grundsätzlich ist die Zeit von weiteren Variablen abhängig, wie z.B. der Diskussionsfreudigkeit oder dem Grad der Zusammenarbeit in Teams. Sie werden dies entsprechend Ihrem Team rechnerisch anpassen können.

Ähnliches kann geclustert werden. Fragen Sie bei Unklarheiten nach und moderieren Sie einen Austausch untereinander.

Lassen Sie abschließend die Gedanken »Was macht mir Mut« vortragen. Achten Sie darauf, dass Sie positive und optimistische Worte nutzen, um diese »Mutmacher« zu würdigen. Sollten Einzelne keine Karte hierzu haben, dann erwähnen Sie genau diesen Mut als konstruktiv. Die Wertschätzung an dieser Stelle ist deshalb so bedeutsam, weil jedes Teammitglied sich von Ihnen wahrgenommen und geachtet fühlen muss.

Varianten/Erweiterungen

Sie können aus den Erwartungen bzw. Wünschen auch Leitlinien erstellen – entweder direkt oder auch nachfolgend. *A2 Rahmenkette für den Austausch* eignet sich dazu. Die Leitlinien können Sie ebenfalls von allen lesen und unterschreiben lassen.

Hinweis

Anerkennende und wertschätzende Rückmeldungen bedürfen der Authentizität. Vielleicht mögen Sie sich – sofern notwendig – bereits vorab ehrliche anerkennende Worte zu einzelnen Teammitgliedern überlegen.

A2 Rahmenkette für den Austausch

Worum geht's?

- Persönliche Leitlinien für den Austausch festhalten
- Einen gemeinsamen Rahmen finden und Leitlinien auf einer Kette »auffädeln«

Vorbereitung

Materialien	Sozialform	Zeit[1]
• Etwas zum Auffädeln (Faden oder Seil, pro TN mind. drei Perlen oder Papprollen) • Vorlage *V1 Leitlinien*	Teamarbeit	ca. 45 min

Ablauf

Damit sich Ihr Team öffnen kann, brauchen Sie abgestimmte Regeln. Diese Leitlinien sollen dem Schutz aller dienen und müssen deshalb von allen erstellt und abgestimmt werden.

Geben Sie jedem Teammitglied drei Perlen oder Rollen oder was Sie ansonsten zum Auffädeln haben. Zeigen Sie auf, dass Ihnen der Austausch zu diesem schwierigen Thema wichtig ist. Damit dieser gelingt, braucht es einen gemeinsamen Rahmen. Deshalb kann sich jeder nun zwei Aspekte überlegen:

- Was ist mir für diesen Austausch wichtig?
- Was brauche ich bei diesem Thema?

Die Aufgabe ist: »Bemalt jede Perle mit einem Zeichen für diesen Aspekt.« Oder: »Beschriftet jede Rolle mit einem Aspekt.«

Anschließend werden diese Aspekte nacheinander vorgetragen und aufgefädelt. Schließen Sie die Runde, indem auch Ihre Aspekte (Vorlage *V1 Leitlinien*) benannt und aufgefädelt werden.

Lassen Sie abschließend einen Austausch über diese gewünschten Bedingungen zu. Justieren Sie gegebenenfalls nach.

Als Ergebnis haben Sie eine gemeinsame Rahmenkette, die Sie sichtbar positionieren können, wenn Sie sich mit Ihrem Team dem Thema widmen.

Varianten/Erweiterungen

Wenn Ihnen diese Methode zu verspielt ist, können Sie auch einfache Karteikarten nutzen, die dann sichtbar auf ein Flipchart oder einer Schnur angebracht werden.

Sie können auch Kleinteams bilden, um gemeinsam notwendige Leitlinien des Austauschs zu besprechen und festzulegen.

Hinweis

Wie intensiv Sie den Austausch über Gesprächsleitlinien führen müssen, hängt von den Erfahrungen Ihres Teams und der vorhandenen Gesprächskultur ab. Je eigenständiger Ihr Team im Alltag agiert, desto weniger Führung braucht es bei dieser Methode und desto eher können Sie auch Kleinteams für die Erarbeitung nutzen.

A3 Verletzendes Verhalten aus Sicht des Kindes

Worum geht's?

- Ein Verständnis darüber entwickeln, dass aus der Sicht des Kindes Vieles verletzend sein kann
- Eine Situation aus der Perspektive des Kindes betrachten, einschätzen und sich begründet positionieren

Vorbereitung

Materialien	Sozialform	Zeit
• Auf den Boden gelegte Skala von 1 bis 10 • Leitfragen für die Skalierung	Gruppenaustausch	ca. 30-45 min

Ablauf

Beginnen Sie mit der folgenden Szene, die Sie den Teammitgliedern vorlesen oder auf einem Plakat bzw. einer Powerpoint präsentieren:

Beim Spaziergang mit der Gruppe bleibt Maxi (5;3) verträumt hinter der Gruppe zurück. Die Fachkraft fordert ihn auf, an die Gruppe aufzuschließen. Beim nächsten Blick zurück sieht die Fachkraft Maxi am Bordsteinrand der viel befahrenen Straße, eilt sofort hin und reißt ihn am Arm zurück. Maxi schaut erschrocken zu ihr auf, reibt sich den Arm und weint.

Fragen und bitten Sie Ihr Team nun:
»Wie verletzend haltet ihr die Fachkraft auf einer Skala von 1 (gar nicht) bis 10 (voll und ganz). Stellt euch entsprechend auf.«

Sie können nach Begründungen fragen, warum sich wer wie positioniert hat. Greifen Sie eventuell entstehende pädagogische Diskussionen, wie das Thema Aufsichtspflicht, Planung eines Spaziergangs mit verträumten Kindern etc. gern auf.

Erläutern Sie dann, dass die Szene wie folgt weitergeht:
»Mensch Maxi, musst du immer so träumen?«

Wer nun seine Position verändern möchte, kann das tun. Fragen Sie nach, warum es zu der Neueinschätzung gekommen ist. Geben Sie Impulse hinein, z.B.:

- Was ist das konkret Verletzende?
- Wie könnte die Fachkraft alternativ handeln?
- Ist es berechtigt, Wut gegenüber Maxi zu empfinden?

Regen Sie Ihr Team an, die Situation aus der Perspektive des Kindes zu betrachten und sich zu positionieren:
»Ist dieses Verhalten für Maxi verletzend?«

Nehmen Sie die Diskussion als Anlass dazu, den Blick des Kindes anzuerkennen. Maxi wird es wahrscheinlich als verletzend empfunden haben, denn der Arm schmerzt und er weint. Gelingt es Ihrem Team, diese Sichtweise zu respektieren und ernst zu nehmen – unabhängig von der Sicht der Fachkraft? Wie müsste die Reaktion einer Fachkraft ungefähr sein, wenn sie die Sicht des Kindes anerkennt?

Fügen Sie nun noch das Ende der Szene hinzu:
»Ach Maxi, ich habe mich total erschrocken, entschuldige bitte. Ich hatte Angst, dass du auf die Fahrbahn fällst.«

Als Ergebnis sollte für die Gruppe festgehalten werden, dass aus der Perspektive des Kindes manches Verhalten vielleicht häufiger verletzend empfunden wird, z.B. wenn es unbeabsichtigt umgelaufen wird. Sind wir sensibel genug, dies wahrzunehmen und feinfühlig zu reagieren? Oder ignorieren wir die Wahrnehmung und Einschätzung des Kindes? Würden wir das bei Erwachsenen ebenso handhaben oder uns doch entschuldigen für unser Versehen?

Varianten/Erweiterungen

Sie können zur Verdeutlichung der Sicht des Kindes folgende Szene nutzen:
»Stein, Papierschnipsel, roter Stein, ein Loch im Gehweg ... Ähhh ... Was? Ich höre Frau Meier und blicke zu ihr: Ich soll aufschließen. Ich renne ein paar Meter. Da, ein Hundehaufen ... igitt ... Jetzt darf ich nicht auf die Linie treten ... Immer mit dem Fuß im Kasten bleiben ... Ganz genau Fuß vor Fuß setzen ... Nicht die Linie berühren ... Auaa! Mich reißt es zur Seite. Mein Arm tut weh. Frau Meier schaut mich wütend an. Mir kommen die Tränen.«

Die einzelnen Einschübe können Sie ebenfalls in anderer Reihenfolge folgen lassen.

Hinweis

*Die Methode **A3 Verletzendes Verhalten aus Sicht des Kindes** führt durchaus zu tieferen Diskussionen. Manchmal bis hin zu dem Punkt »Dann darf ich ja gar nichts mehr, weil alles verletzend ist, oder wie?« Sollte dies der Fall sein, dann fühlen sich Teammitglieder überfordert oder nicht anerkannt. Versuchen auch Sie diese Empfindungen zu respektieren. Nur wer sich verstanden fühlt, wird bereit sein, weitere Schritte zu gehen. Ziel sollte es sein, dass die Sichtweisen der Fachkraft und des Kindes als gleichwertig vom Team anerkannt werden. So wie auch jedes Teammitglied eigene Wahrnehmungen und Einschätzungen hat.*

A4 ABC des verletzenden Verhaltens

Worum geht's?

- Gemeinsam Merkmale eines verletzenden Verhaltens (Gestik, Mimik) zusammentragen
- Vielfalt verletzenden Verhaltens erfassen und beschreiben

Vorbereitung

Materialien	Sozialform	Zeit
• 3 bis 5 Plakate, auf denen die Buchstaben des ABC senkrecht untereinander notiert sind • Stifte	Einzelarbeit und Gruppenaustausch	ca. 30 min

Ablauf

Sollte Ihr Team noch keinen Austausch über verletzendes Verhalten geführt haben, beginnen Sie mit einführenden Worten zum Thema und fragen Sie z.B. in die Runde: »Stellt euch eine Szene vor, in der ihr euch durch jemand anderem verletzt gefühlt habt. Was war das konkret Verletzende in der Situation?«

Lassen Sie Ihren Teammitgliedern kurz Zeit, um sich eine solche Szene vorzustellen und sammeln Sie dann die Antworten. Es werden wahrscheinlich verschiedene Aspekte sein, die angesprochen werden, wie z.B.: Das Anschreien, das Angucken, das Nicht-Zuhören, das Vergessen, das Wegdrehen, das Alleinlassen oder Ähnliches. Nehmen Sie die Beispiele heraus, die die Vielfalt von verletzenden Gesten, Mimiken, Verhaltensweisen verdeutlichen.

Gehen Sie zu den Plakaten und fordern Sie Ihr Team auf, die nächsten 5 bis 7 Minuten hinter die jeweiligen Buchstaben weitere Beispiele verletzenden Verhaltens aufzuschreiben. In dieser Zeit darf nicht gesprochen werden!

Betrachten Sie nun gemeinsam das ABC. Tauschen Sie sich über die Vielfalt des Ergebnisses aus.

- Was sehen manche als weniger verletzend **und** welches Beispiel findet sich, wo diese Verhaltensweise wirklich verletzend ist?
- Wie fühlt es sich an, wenn auf dieses ABC des verletzenden Verhaltens geschaut wird?
- Welche Gedanken und Gefühle mögen Ihre Teammitglieder äußern?

Vielleicht kommen Sie zu dem Schluss, dass sich jeder schon einmal bzw. mehrmals auf diese Weise verhalten hat – beabsichtigt oder nicht. Zumindest gegenüber Erwachsenen.

Als Ergebnis sollte für die Gruppe festgehalten werden, dass sich verletzendes Verhalten in einer Vielzahl von Verhaltensweisen zeigt, die wir alle kennen (und mitunter auch anwenden).

Varianten/Erweiterungen

Sollten noch Lücken im ABC bzw. Buchstaben (XY ...) frei geblieben sein, versuchen Sie diese gemeinsam zu füllen. Oder füllen Sie die Lücken in den Tagen bzw. Wochen danach aus, wenn ein Beispiel gefunden wurde.

Sie können das Ergebnis auch in Ihr Schutzkonzept übertragen. Neue Teammitglieder können sich daran orientieren.

Nutzen Sie auch *A5 ABC des wertschätzenden Verhaltens*. Viele Fachkräfte können sich mit der Reflexion gelingender Interaktion gut identifizieren.

Hinweis

Die Erkenntnis, dass wir uns alle irgendwann verletzend verhalten, sollte zunächst nur für das Verhalten gegenüber Erwachsenen thematisiert werden.

Die Methode baut darauf auf, dass während des Schreibens nicht gesprochen (und vor allem bewertet) wird. Achten Sie darauf, dass dieses Schweigen eingehalten wird. Sie kommen dadurch zu mehr aufgeschriebenen Ergebnissen. Ermutigen Sie in der Zeit dazu, dass alles aufgeschrieben werden soll.

A5 ABC des wertschätzenden Verhaltens

Worum geht's?

- Gemeinsam Merkmale eines wertschätzenden Verhaltens (Gestik, Mimik) zusammentragen
- Vielfalt wertschätzenden Verhaltens erfassen und beschreiben

Vorbereitung

Materialien	Sozialform	Zeit
• 3 bis 5 Plakate, auf denen die Buchstaben des ABC senkrecht untereinander notiert sind • Stifte	Einzelarbeit und Gruppenaustausch	ca. 30 min

Ablauf

Sollte ihr Team noch keinen Austausch über wertschätzendes Verhalten geführt haben, beginnen Sie mit einführenden Worten zum Thema und fragen Sie z.B. in die Runde: »Stellt euch eine Szene vor, in der ihr euch durch jemand anderem sehr wertgeschätzt gefühlt habt. Was war das konkret Wertschätzende in der Situation?«

Lassen Sie Ihren Teammitgliedern kurz Zeit, um sich eine solche Szene vorzustellen und sammeln Sie dann die Antworten. Es werden wahrscheinlich verschiedene Aspekte sein, die angesprochen werden, wie das Anlächeln, das Angucken, das Zuhören, die Aufmerksamkeit, das Zugewandtsein, das Begleitetwerden oder Ähnliches. Nehmen Sie die Beispiele heraus, die die Vielfalt von wertschätzenden Gesten, Mimiken, Verhaltensweisen verdeutlichen.

Gehen Sie zu den Plakaten und fordern Sie Ihr Team auf, die nächsten 5 bis 7 Minuten hinter die jeweiligen Buchstaben weitere Beispiele wertschätzenden Verhaltens aufzuschreiben. In dieser Zeit darf nicht gesprochen werden!

Betrachten Sie nun gemeinsam das ABC. Tauschen Sie sich über die Vielfalt des Ergebnisses aus.

- Was sehen manche als besonders wertschätzend an und welches Beispiel findet sich, wo diese Verhaltensweise häufig eingesetzt wird?
- Wie fühlt es sich an, wenn auf das ABC des wertschätzenden Verhaltens geschaut wird?
- Welche Gedanken und Gefühle mögen Ihre Teammitglieder äußern?

Vielleicht kommen Sie zu dem Schluss, dass man sich in solchen Situationen freier und offener fühlt und mehr schafft oder bereit ist zu geben, gerade weil man sich wertgeschätzt fühlt.

Als Ergebnis sollte für die Gruppe festgehalten werden, dass sich wertschätzendes Verhalten in einer Vielzahl von Verhaltensweisen zeigt, die wir alle kennen (und auch anwenden).

Varianten/Erweiterungen

Sollten noch Lücken im ABC bzw. Buchstaben (XY ...) frei geblieben sein, versuchen Sie diese noch gemeinsam zu füllen. Oder füllen Sie die Lücke in den Tagen bzw. Wochen danach aus, wenn ein Beispiel gefunden wurde.

Hinweis

Die Methode baut darauf auf, dass während des Schreibens nicht gesprochen (und vor allem bewertet) wird. Achten Sie darauf, dass dieses Schweigen eingehalten wird. Sie kommen hierdurch zu mehr aufgeschriebenen Ergebnissen. Ermutigen Sie in der Zeit dazu, dass alles aufgeschrieben werden soll.

A6 Merkmale von Verletztheit

Worum geht's?

- Gemeinsam nonverbale Ausdrucksformen (Mimik, Gestik, Körperhaltung) eines Kindes zusammentragen
- Nonverbale Ausdrucksformen besprechen

Vorbereitung

Materialien	Sozialform	Zeit
• 6 Plakate • Stifte	Einzelarbeit und Gruppenaustausch	ca. 30 min

Ablauf

Lassen Sie Ihren Teammitgliedern kurz Zeit, um sich Szenen verletzenden Verhaltens vorzustellen. Bitten Sie nun darum, den Blick auf das Kind zu richten:
»Woran erkenne ich, ob sich ein Kind verletzt fühlt?« »Wie zeigt es mit seinem Gesicht, seinem Körper, seiner Art etc., dass es sich verletzt fühlt bzw. verletzt wird?«

Bitten Sie nun darum, dass in Kleingruppen diese Merkmale aufgeschrieben werden.

Bereiten Sie in der Zeit sechs Plakate mit folgender Überschrift vor: Augen, Mund, Kopf, Arme/Hände, Körperhaltung, Weiteres. Wenn die Kleingruppen zurückkehren, lassen Sie diese ihre Notizen auf den Plakaten zuordnen. Besprechen Sie die notierten Merkmale dahingehend, ob es Ausdrucksformen gibt, die unverständlich sind.

Fragen Sie, ob es Merkmale gibt, die auch anders verstanden werden können. Falls hier nichts geäußert wird, weil evtl. nichts Greifbares notiert wurde, geben Sie ein Beispiel:

- Wenn ich wütend bin und es lächelt mich jemand (das Kind) an, was macht das mit mir? Wie deute ich ein Lächeln? Welche Bedeutungen kann ein Lächeln haben?
- Wenn ich ein »ernstes Wort« sprechen will und mein Gegenüber senkt den Blick oder schaut an mir vorbei – was fühle ich? Warum wird ein Kopf gesenkt?
- Warum möchten wir, dass uns andere in die Augen schauen? Welches Gefühl leitet uns?

Besprechen Sie abschließend, was es verhindert, dass solche Merkmale erfasst oder aber ignoriert werden. Fragen Sie z.B.:
»Was sind die Hindernisse, die jemanden in solchen Situationen unachtsamer handeln lassen?« »Welche Möglichkeiten seht ihr, um anders zu handeln – allein oder als Team?«

Bitten Sie darum, dass die Fachkräfte notieren, auf was sie zukünftig achten möchten oder was sie sich für solche Situationen vornehmen.

Varianten/Erweiterungen

Leiten Sie, wenn notwendig, in positive Betrachtungen über, z.B. dem Erkennen gelingender Situationen durch die Methode *A5 ABC des wertschätzenden Verhaltens*.

Hinweis

Gerade bei dieser Methode kann es sein, dass auf Situationen aus dem Kita-Alltag zurückgegriffen wird. Sofern das Team bereits fortgeschritten ist, lässt sich über die Deutung widersprüchlicher Signale gut diskutieren. Achten Sie jedoch darauf, dass es nicht zu Vorwürfen kommt. Händeln Sie geschickt solche Situationen und verweisen auf die Widersprüchlichkeit, mit der sich gerade beschäftigt wird.

A7 Gelingende Interaktionen

Worum geht's?

- Merkmale gelingender Interaktionen erkennen
- Gelingende Interaktionen analysieren

Vorbereitung

Materialien	Sozialform	Zeit
• Papier und Stifte • Vorlage *V2 Gelingende Interaktionen*	Einzelarbeit und Gruppenaustausch	ca. 15 min

Ablauf

Führen Sie auf Ihre Art in das Thema gelingender Interaktion ein. Bitten Sie die Teammitglieder dann, dass sie sich eine gelungene Interaktion erinnern sollen, in der sie sich sehr wohl gefühlt haben. Ob es sich hierbei um eine Interaktion mit Kindern oder unter Erwachsenen handelt, ist unerheblich. Nun sollen die Teammitglieder auf der Vorlage *V2 Gelingende Interaktionen* oder einem leeren Blatt notieren:
»Was hat mir besonders gutgetan oder gefallen in dieser Interaktion?«

Tauschen Sie sich nachfolgend über diese Merkmale aus. Sie können die identifizierten guten Aspekte auch visualisieren, auf einer Flipchart notieren oder clustern. Fragen Sie nach den Empfindungen der Teammitglieder. Es ist davon auszugehen, dass es den Fachkräften bei dieser Vorstellung sehr gut geht.

Ziel dieser kleinen Einheit ist, sich der gelingenden Aspekte und des Gefühls guter Interaktionen bewusst zu werden.

Varianten/Erweiterungen

Sie können auch direkt auf einer Flipchart sammeln oder Kleingruppen bilden. Ebenso können Sie nach gelingenden Interaktionen mit Kindern fragen.

Hinweis

Diese Methode eignet sich grundsätzlich als Abschluss beinahe jeder anderen, weil sie angenehme Empfindungen auslöst.

Vorlage

V2 Gelingende Interaktionen

A8 Misslingende Interaktionen

Worum geht's?

- Merkmale unangenehmer oder misslingender Interaktionen erkennen
- Misslingende Interaktionen analysieren

Vorbereitung

Materialien	Sozialform	Zeit
• Papier und Stifte • Vorlage *V3 Misslingende Interaktionen*	Einzelarbeit und Gruppenaustausch	ca. 15-30 min

Ablauf

Führen Sie auf Ihre Art in das Thema misslingender bzw. unangenehmer Interaktionen ein. Bitten Sie die Teammitglieder dann, dass sie sich an eine Interaktion mit einer Person (kein Kind) erinnern sollen, in der sie sich sehr unwohl gefühlt haben. Nun sollen die Teammitglieder auf der Vorlage *V3 Misslingende Interaktionen* oder einem leeren Blatt notieren:
»Was hat mir missfallen an dieser Interaktion?« »Was hat dazu geführt, dass ich mich schlecht gefühlt habe?«

Tauschen Sie sich nachfolgend über diese Merkmale aus. Sie können diese identifizierten unangenehmen Aspekte auch visualisieren, auf einer Flipchart notieren oder clus-tern. Fragen Sie ruhig auch nach den Empfindungen der Teammitglieder. Es ist davon auszugehen, dass sich die Fachkräfte bei der Erinnerung an die Szene nicht gut fühlen. Verweisen Sie dann darauf, dass wir nicht nur Inhalte, sondern immer auch Gefühle und Emotionen mit abspeichern. Bei Erinnerung oder einer ähnlichen Situation werden auch diese wieder mitaufgerufen. So prägen sich auch Gefühle gegenüber bestimmten Menschen in uns ein.

- Was also könnte geschehen, wenn uns mit einem Kind häufiger Interaktionen misslingen?
- Was entsteht in dem Kind, wenn es schlechte Gefühle mitnimmt?

Ziel dieser Einheit ist, sich der misslingenden Aspekte und des Gefühls unangenehmer Interaktionen bewusst zu werden. Ebenso geht es um das Bewusstwerden der Übertragung auf das Erleben von Kindern.

Varianten/Erweiterungen

Sie können auch direkt auf einer Flipchart sammeln oder Kleingruppen bilden. Sofern Sie das Team so einschätzen, dass es eine gute Gesprächskultur hat, können Sie am Ende auch weiterführen: Bei häufigeren misslingenden bzw. unangenehmen Interaktionen mit bestimmten Menschen verstetigen sich diese Gefühle in uns.

Was also könnte geschehen, wenn uns mit einem Kind häufiger Interaktionen misslingen, das Kind schlechte Gefühle mitnimmt?

Hinweis

Achten Sie darauf, dass es in dieser Phase lediglich um die allgemeine Betrachtung misslingender bzw. unangenehmer Interaktionen geht und der Austausch noch nicht mit Blick auf verletzendes Verhalten geführt wird.

Vorlage

V3 Misslingende Interaktionen

A9 Verletzendes Verhalten mir selbst gegenüber

Worum geht's?

- Situationen einschätzen und sich begründet positionieren
- Unterschiedliche Begründungen, Einschätzungen und Veränderungen von Einschätzungen erfahren

Vorbereitung

Materialien	Sozialform	Zeit
• Auf den Boden geklebte Skala von 1 bis 10 • Vorlage *V6 Leitfragen für die Skalierung*	Gruppenaustausch	ca. 20-30 min

Ablauf

Verweisen Sie zu Beginn darauf, dass verletzendes Verhalten überall erfolgen kann. Ob es sich aber um ein solches handelt, ist besonders von der Einschätzung der betroffenen Person abhängig. Beginnen Sie mit einer ersten Szene, die Sie den Teammitgliedern vorlesen oder auf einem Plakat bzw. einer Powerpoint präsentieren:
Beim Einkauf stehst du mit deinem Wagen an der Kasse in der Schlange an. Auf einmal fährt dir ein Wagen von hinten so in deine Hacken, dass dir schwarz vor Augen wird. Du drehst dich – so es deine Achillessehen zulässt – um und siehst eine alte Frau.

Fragen Sie nun:
»Für wie verletzend haltet ihr die alte Frau auf einer Skala von 1 (gar nicht) bis 10 (voll und ganz)? Stellt euch entsprechend auf.«

Sie können nun nach Begründungen fragen, warum sich wer wie positioniert hat. Sollte die Gruppe relativ einheitlich der Ansicht sein, dass es sich um ein weniger verletzendes Verhalten handelt, so können Sie als Ergebnis an dieser Stelle festhalten, dass äußere (physische) Verletzungen nicht zwangsläufig auch innerlich verletzen.

Nun teilen Sie mit, dass die Szene wie folgt weiter geht:
Die alte Frau sagt: »Uuups!«

Wer nun seine Position verändern möchte, kann dies tun. Fragen Sie nach, warum es zu einer Neupositionierung gekommen ist. Fügen Sie anschließend das Ende der Szene hinzu:
Die alte Frau sagt: »Sie hätten aber auch aufrücken können. Vor Ihnen ist doch viel Platz.«

Auch hier kann eine Neupositionierung erfolgen, die offen begründet werden sollte. Je nach eigenen persönlichen Erfahrungen oder auch kulturellen Hintergründen kann es zu sehr unterschiedlichen Positionierungen kommen. Fragen Sie daher nach, wie leicht oder schwierig es ist, sich allein auf der Skala zu positionieren. Ist es allen Teammitgliedern möglich, solche »abweichenden« Einschätzungen nachzuvollziehen und zu respektieren? Was fällt ihnen schwer oder leicht dabei?

Als Ergebnis sollte für die Gruppe festgehalten werden, dass verletzendes Verhalten durchaus auch eine Betrachtungsfrage ist.

Varianten/Erweiterungen

Sie können auch weitere Szenen aus dem Anhang sowie die Vorlage *V6 Leitfragen für die Skalierung* nutzen. Wenn Sie die Perspektive des Kindes herausarbeiten lassen wollen, dann greifen Sie auf *A3 Verletzendes Verhalten aus Sicht des Kindes* zurück.

Hinweis

Die Frage danach, was für mich als Erwachsener persönlich verletzt, wird in der Regel zu einem größeren Austausch führen. Grundsätzlich ist dies sehr zu begrüßen. Achten Sie jedoch darauf, dass hier keine einfachen Rückschlüsse auf Kinder erfolgen.

Vorlage

V6 Leitfragen für die Skalierung

A10 Eigene Definition von verletzendem Verhalten

Worum geht's?

- Sich der eigenen Definition verletzenden Verhaltens bewusst werden
- Sich über Definitionen austauschen und Vielfalt an Definitionsmöglichkeiten erkennen

Vorbereitung

Materialien	Sozialform	Zeit
• Karteikarten o.ä. • Stifte • Plakat • Kleber	Einzelarbeit und Gruppenaustausch	ca. 20 min

Ablauf

Jedes Teammitglied erhält eine Karte und einen Stift. Bevor der Auftrag erfolgt, sollte man darauf hinweisen, dass es bislang keine klare Definition gibt. Möglich wäre folgender Wortlaut:
»Es gibt keine allgemeingültige Definition von verletzendem Verhalten. Wo beginnt oder endet es? Was sind die wichtigsten Merkmale? Was ist unverhandelbar?«

Der Auftrag lautet:
»Schreibt auf euren Zettel, was ist bzw. was bedeutet für dich verletzendes Verhalten von Fachkräften gegenüber Kindern? Welche Definition wäre aus deiner Sicht möglich?«

Nachfolgend lesen alle ihre Definition vor. Die Definitionen werden auf einem gemeinsamen Plakat befestigt. Abschließend kann ein Austausch darüber erfolgen, welche Gemeinsamkeiten in den Definitionen zu finden sind.

Varianten/Erweiterungen

Sollte Ihr Team bereits gesprächsgeübt und wertschätzend im Austausch sein, so können Sie auch eine Diskussion über die verschiedenen Definitionen anregen.

- Mit welcher Definition stimmt man überein?
- Welche erweitert die eigene Definition?
- Welche trifft es vielleicht weniger?

Es ist ebenso möglich, dass Sie diese Methode mehrfach einsetzen. Immer dann, wenn Sie den Eindruck haben, dass Wissen zugenommen und Einstellungen sich verändert haben.

Hinweis

*Es lässt sich, je nach Ihrer Einschätzung und Zeit, auch die Methode **A11 Gemeinsame Definition von verletzendem Verhalten** anschließen.*

A11 Gemeinsame Definition von verletzendem Verhalten

Worum geht's?

- Einen gemeinsamen Rahmen für die Beschreibung verletzenden Verhaltens finden
- Eckpunkte abgleichen und bestimmen

Vorbereitung

Materialien	Sozialform	Zeit
• Plakat oder Karten von *A10 Eigene Definition von verletzendem Verhalten* • DIN-A3-Blätter • Stifte	Kleingruppenarbeit und Gruppenaustausch	ca. 20-30 min

Ablauf

Mit Blick auf die persönlichen Definitionen (Methode *A10 Eigene Definition von verletzendem Verhalten*) regen Sie zunächst zehn Minuten in Kleingruppen (3 bis 4 Personen) einen Austausch an:
»Welche Gemeinsamkeiten in den Definitionen findet ihr?« »Welche Eckpunkte für eine gemeinsame Definition könnt ihr daraus erstellen?«

Dass Ergebnis soll auf einem DIN A 3 Blatt festgehalten und nachfolgend im gesamten Team vorgestellt (und ausgestellt) werden. Als Team wird nun aus den ermittelten Eckpunkten eine gemeinsame Definition erstellt, der alle zustimmen können.

Sollte Ihr Team bereits gesprächsgeübt und wertschätzend im Austausch sein, so können Sie auch eine Diskussion über die verschiedenen Definitionen anregen.

- Mit welcher Definition stimmt man überein?
- Welche erweitert die eigene Definition?
- Welche trifft es vielleicht weniger und warum?

Hinweis

Immer dann, wenn Sie den Eindruck haben, dass Wissen zugenommen und Einstellungen sich verändert haben, können Sie diese Methode anwenden. Ihr Team erfährt dadurch, dass sich ihre Einschätzungen wandeln (dürfen). Es sogar völlig normal, dass man nicht auf einem Punkt bzw. einer Einstellung stehen bleibt.

A12 Szenen einschätzen

Worum geht's?
- Situationen begründet einschätzen
- Sich zu einer Frage positionieren und äußern

Vorbereitung

Materialien	Sozialform	Zeit
• Pro TN ein Ampelkartenset (rot, gelb, grün) • Ausgewählte Szenen und Fragen	Gruppenaustausch	ca. 20-30 min

Ablauf
Sie wählen eine für Ihr Team passende Szene (Anhang: *Szenen*) aus, z.B.:
Zum Mittagessen wird den Krippenkindern wie immer ein Latz umgebunden. Als die Praktikantin bei Maja (2,8) angekommen ist, sagt Anja, die Erzieherin: »Zieh Maja den großen Latz an und schieb sie ganz dicht an den Tisch. Maja ist immer so unruhig und soll deshalb nicht viel Bewegungsspielraum haben.« Als das Essen kommt, nimmt Anja den Teller von Maja, hebt diesen an und legt den übergroßen Latz darunter. »Siehst du«, sagt sie zur Praktikantin, »wenn sie sich jetzt zu sehr bewegt, fällt der Teller runter – deshalb muss sie ruhig sitzen bleiben!« Anja drückt den Stuhl erneut fest an den Tisch. »Aua«, sagt Maja.

Präsentieren Sie die Szene durch Vorlesen, ein Plakat, eine Powerpoint-Präsentation oder Ähnliches. Nun stellen Sie eine ausgewählte Frage, zu der sich die Teammitglieder per Ampelkarte positionieren sollen:
»Ist das ein verletzendes Verhalten (rot), ist es kein verletzendes Verhalten (grün) oder ein wenig (gelb)?«

Lassen Sie ihre Teammitglieder begründen, warum sie ihre Karte gewählt haben. Geben Sie nun die Fragen hinein:
- Welche anderen Möglichkeiten hätte die Fachkraft?
- Was lernt die Praktikantin bei dieser Szene?
- Was würdet Ihr tun, wenn auch jemand dicht an den Tisch schiebt oder ähnliches?

Varianten/Erweiterungen
Nutzen Sie die Szenen, die Ihnen und Ihrem Team am meisten zusagen. Überlegen Sie sich selbst passende Fragen, um bestimmte Themenbereiche zur Diskussion zu stellen. Anstatt der Ampelkarten können Sie auch die Skalierung (1 bis 10) auf dem Boden vornehmen und die Vorlage *V6 Leitfragen für die Skalierung* zur Bearbeitung nutzen.

Hinweis

Wenn Sie auf die gelbe Karte verzichten, dann gibt es nur entweder – oder. Zu Beginn dieser Methode ist es jedoch einfacher, wenn sich Personen noch unbestimmt (ein bisschen ja/nein) positionieren können. Sollte Ihr Team bereits geübt im Austausch sein, können Sie auch direkt mit rot/grün beginnen.

A13 Szenen neu bewerten

Worum geht's?

- Situationen begründet einschätzen
- Sich zu einer Frage positionieren und äußern

Vorbereitung

Materialien	Sozialform	Zeit
• Ausgewählte Szenen und Fragen • Auf den Boden aufgeklebte Skala von 1 bis 10 • Vorlage *V6 Leitfragen für die Skalierung*	Gruppenaustausch	ca. 20-30 min

Ablauf

Sie wählen eine für Ihr Team passende Szene (Anhang: *Szenen plus*) aus und präsentieren diese durch Vorlesen, Plakat, Powerpoint oder Ähnliches, z.B.:
Die Fachkraft sieht vom Bauteppich aus, dass ein Kind beim Eingießen die Wasserflasche so hält, dass sich bereits eine große Pfütze auf dem Boden gebildet hat, auf welche nun zwei Krabbelkinder zielstrebig zusteuern. Sie springt auf, um Schlimmeres zu verhindern, übersieht ein Kind, welches gerade ihre Laufrichtung quert und läuft es um. Das Kind schlägt sich den Kopf auf.

Stellen Sie eine ausgewählte Frage wie z.B.:

- Ist dies ein verletzendes Verhalten (rot), ist es kein verletzendes Verhalten (grün) oder ein bisschen (gelb)?
  Oder:
- Ist dies ein vermeidbares verletzendes Verhalten (rot), ein unvermeidbares verletzendes Verhalten (grün) oder von beidem etwas (gelb)?

Nun sollen sich die Teammitglieder per Ampelkarte positionieren. Lassen Sie Ihre Teammitglieder begründen, warum sie ihre Karte gewählt haben.

Setzen Sie als nächstes im Text der Szene den Zusatz ein:
... übersieht mal wieder ein Kind, welches gerade ihre Laufrichtung quert ...

Lassen Sie nun erneut abstimmen und begründen. Erfragen Sie den Unterschied, den diese zwei Worte ausmachen.

Ihrem Team soll hierdurch bewusst werden, dass die Häufigkeit von Unfällen auch auf persönliche oder strukturelle Schwächen hinweisen kann, die ein verletzendes Verhalten bedingen.

Varianten/Erweiterungen

Geben Sie auch weitere Frageimpulse hinein, wenn dies für Sie bzw. Ihr Team passend ist:

- Warum liegt ein verletzendes Verhalten bei Wiederholungen vor?
- Was würden Sie der Fachkraft empfehlen?
- Wie könnte mit ihr das Thema besprochen werden?

Sie können ebenso mit Ampelkarten arbeiten (siehe Methode *A12 Szenen einschätzen*).

Hinweis

Es ist eine Methode, bei der Bewegung aufkommt. Reflexion fällt dann leichter.

A14 Sich in andere einfühlen

Worum geht's?

- Eine Szene aus der Perspektive der beteiligten Personen erschließen
- Sich einfühlen

Vorbereitung

Materialien	Sozialform	Zeit
• Kopierte Vorlage für jede/n TN oder vorbereitetes Plakat • Vorlage *V4 Sich in andere einfühlen*	Einzel-, Paar- oder Kleingruppenarbeit	ca. 40 min

Ablauf

Suchen Sie sich eine *Szene* (Anhang) aus und präsentieren Sie diese. Bitten Sie nun darum, die Situation aus den Augen der verschiedenen Beteiligten nachzuvollziehen: »Was hat jede einzelne Person gesehen, was gehört?« »Was haben sie evtl. gedacht und was gefühlt?«

Die Überlegungen sollen in dem jeweiligen Feld (Vorlage *V4 Sich in andere einfühlen*) notiert werden. Bei einer Paararbeit kann auch zunächst ein Austausch erfolgen, um dann gemeinsam die Eintragung vorzunehmen. Geben Sie hierfür – je nach Szene und beteiligten Personen – ca. 10 bis 20 Minuten Zeit.

Führen Sie nun die Ergebnisse zusammen. Sammeln Sie nacheinander Überlegungen zu den einzelnen Beteiligten der Szene. Notieren Sie diese z.B. auf einem Plakat, welches Sie mit der entsprechenden Anzahl an Feldern vorbereitet haben oder nutzen Sie je beteiligter Person ein Plakat.

Gehen Sie im Gespräch darauf ein, wie etwas auf die beteiigten Personen wirkt oder wie sie etwas empfinden könnten.

Als Ergebnis wird die Vielfalt der Wahrnehmungen, der Gefühle und der möglichen Gedanken den Teammitgliedern verdeutlichen, wie unterschiedlich eine Situation gesehen werden und welche Auswirkungen sie haben kann.

Varianten/Erweiterungen

Es ist ebenso möglich, dass sich die Teammitglieder oder Kleingruppen nur mit der Perspektive einer beteiligten Person befassen und dies auf einem Zettel oder Plakat festhalten.

Sie können das Gespräch auch weiterführen, um gemeinsam zu überlegen, wer in dieser Situation was gebraucht hätte, damit es anders verlaufen wäre. Nutzen Sie hierfür die Methode *A15 Szenenanalyse: Was fehlt wem?*

Hinweis

Gut geeignet sind die Szenen, bei denen es mehrere Beteiligte gibt.

Vorlage

V4 Sich in andere einfühlen

A15 Szenenanalyse: Was fehlt wem?

Worum geht's?

- Aspekten analysieren
- Sich einfühlen

Vorbereitung

Materialien	Sozialform	Zeit
• Für jede/n TN kopierte Vorlage *V5 Was fehlt wem?* • Vorbereitetes Plakat	Einzel-, Paar- oder Kleingruppenarbeit	ca. 40 min

Ablauf

Suchen Sie sich eine *Szene* (Anhang) aus und präsentieren Sie diese. Bitten Sie nun darum, die Situation aus den Augen der verschiedenen Beteiligten nachzuvollziehen: »Was fehlt jeder einzelnen Person, damit sie hätte anders handeln können (Erwachsene) und anders hätte fühlen können (Kinder)?«

Die Überlegungen sollen in dem jeweiligen Feld (Vorlage *V5 Was fehlt wem?*) notiert werden. Bei einer Paararbeit kann auch zunächst ein Austausch erfolgen, um dann gemeinsam die Eintragung vorzunehmen. Geben Sie hierfür – je nach Szene und beteiligten Personen – ca. 10 bis 20 Minuten Zeit.

Führen Sie nun die Ergebnisse zusammen. Sammeln Sie nacheinander Überlegungen zu den einzelnen Beteiligten der Szene. Notieren Sie diese z.B. auf einem Plakat, welches Sie mit der entsprechenden Anzahl an Feldern vorbereitet haben oder als einzelne Plakatvorlage.

Gehen Sie auf die verschiedenen fehlenden Aspekte ein: strukturelle (z.B. Personalmangel), persönliche (z.B.: Das kann sie nicht wissen) oder biografische (z.B.: Das hat sie vielleicht selbst als Kind erlebt).

Wägen Sie mit Ihrem Team ab, was von den fehlenden Aspekten hätte beseitigt werden können und wie. Fragen Sie abschließend Ihr Team, ob ein von Ihrem Team gekennzeichnetes nicht zu beseitigendes Fehlen zu einem verletzenden Verhalten berechtigt.

Bei allen Schwierigkeiten und fehlenden Aspekten sollten Kinder nicht durch unser Verhalten verletzt werden.

Varianten/Erweiterungen

Sie können die Frage danach, ob ein Fehlen bestimmter Aspekte ein verletzendes Verhalten berechtigt, auch als Rollenspiel durchführen. Lassen Sie die »verletzende Fachkraft« mit einem »Trägervertreter« oder »Kinderschutzbeauftragten« diskutieren. Besonders gut für das »Fehlen von Personal« geeignet.

Hinweis

Gut geeignet sind die Szenen, bei denen es mehrere Beteiligte gibt.

Vorlage

V5 Was fehlt wem?

A16 Verletzendes Verhalten erleben – Wegschauen

Worum geht's?

- Eine fiktive Szene nachspielen und sich in die Beteiligten einfühlen
- Wegschauen als eine Form verletzenden Verhaltens verstehen

Vorbereitung

Materialien	Sozialform	Zeit
• Ausgewählte Szene • Verkleidungsutensilien	Rollenspiel	ca. 35 min

Ablauf

Wählen Sie sich eine *Szene* aus dem Anhang aus, z.B.:

Nach dem Mittagsschlaf sitzt die fast dreijährige Luisa vor ihrer Kleidung. Immer noch ein wenig müde, versucht sie sich anzuziehen. Sie schaut zu den anwesenden Fachkräften, die jedoch mit anderen Kindern beschäftigt sind. Kurz darauf muntert die Heilpädagogin Irina Luisa auf: »Na komm Luisa, das schaffst du doch schon allein.« Luisa versucht sich an der Hose, aber schaut schnell wieder zu Irina. Diese wendet sich daraufhin Luisa zu und zieht ihr die Hose mit den Worten an: »Okay, ich helfe dir bei der Hose und dem Pulli und du ziehst dafür alleine die Socken an. Abgemacht?« Luisa nickt und lässt sich anziehen.

Zehn Minuten später sitzt sie immer noch ohne Socken da und schaut wiederholt Irina an. Diese sagt daraufhin: »Nein Luisa, jetzt hab ich dir schon geholfen, die Socken musst du allein schaffen. Das haben wir eben abgemacht!« Daraufhin kommen Luisa die Tränen, sie legt sich auf den Boden. Irina wird etwas ungeduldig: »Ach Luisa, hör auf. Du bist doch schon groß und kannst das allein. Ich muss mich auch um Kilian kümmern, du bist ja nicht das einzige Kind hier.«

Daraufhin fängt Luisa laut an zu weinen. Irina zieht ihr etwas genervt die Socken an und sagt: »Das finde ich jetzt echt blöd von dir«. (»Wenn du morgen wieder so ein Theater machst, helfe ich dir nicht mehr!«, raunt sie, als sie sich danach Kilian zuwendet.) Luisa weint leise weiter und schaut zu Sven, dem Kindheitspädagogen, der die Situation aus vier Metern Entfernung beobachtet hat. Als sich die Blicke treffen, schaut er schnell zur Seite.

Präsentieren Sie Ihrem Team diese Szene auf Zetteln ausgedruckt, einem Plakat oder auf Powerpoint etc.

Lesen Sie die Szene und lassen Sie nun drei Freiwillige die Rollen von Luisa, Irina und Sven einnehmen und die Szene nachspielen. Jeder sollte sich so gut wie möglich in die Person einfühlen.

Nach dem Rollenspiel fragen Sie das zuschauende Team (Publikum), was sie bei dieser Szene gefühlt haben. Diese Gefühle notieren diese Teammitglieder auf Karteikarten. Fragen Sie nun die Person »Luisa«:
»Wie hast du dich in dieser Rolle gefühlt?« »Was war besonders verletzend und warum?«

Befragen Sie das zuschauende Team:
»Was habt ihr in der Rolle »Luisa« wahrgenommen?«

Befragen Sie anschließend den »Kindheitspädagogen« und »Irina« nach den Gefühlen mit dieser Rolle.
»Wie ging es euch in der gespielten Situation?« »Hattest du einen anderen Impuls, der unterdrückt werden musste?«

Abschließend bitten Sie die Teammitglieder, ihre Karteikarten vorzulesen und zu erklären.

Als Ergebnis sollte die Gruppe feststellen, dass bereits das Wegschauen eine Verletzung für ein Kind und aktives Hinschauen pädagogische Aufgabe ist. Gleichzeitig gehen solche Situationen mit einer Vielzahl von Gefühlen einher. Für ein Team wäre es bedeutsam, diese Gefühle zu besprechen. Nur das Team selbst kann das ermöglichen oder verhindern.

Varianten/Erweiterungen

Sie können nur die Einzelrollen verteilen, sodass dem Team die Gesamtszene unbekannt bleibt.

Hinweis

Aktive Rollenspiele können auch stärkere Gefühle auslösen. Sei es aufgrund biografischer Erlebnisse oder auch aktueller Ereignisse. Wenn Sie davon wissen, führen Sie diese Methode zu einem späteren Zeitpunkt durch.

A17 Verletzendes Verhalten erleben – Grenzen und Hindernisse

Worum geht's?

- Eine fiktive Szene nachspielen und sich in die Beteiligten einfühlen
- Sich mit uneindeutigen und eindeutigen Situationen auseinandersetzen

Vorbereitung

Materialien	Sozialform	Zeit
• Ausgewählte Szene • Verkleidungsutensilien	Rollenspiel	ca. 35 min

Ablauf

Wählen Sie sich eine *Szene* aus dem Anhang aus, z.B.:

Nach dem Mittagsschlaf sitzt die fast dreijährige Luisa vor ihrer Kleidung. Immer noch ein wenig müde, versucht sie sich anzuziehen. Sie schaut zu den anwesenden Fachkräften, die jedoch mit anderen Kindern beschäftigt sind. Kurz darauf muntert die Heilpädagogin Irina Luisa auf: »Na komm Luisa, das schaffst du doch schon allein.« Luisa versucht sich an der Hose, aber schaut schnell wieder zu Irina. Diese wendet sich daraufhin Luisa zu und zieht ihr die Hose mit den Worten an: »Okay, ich helfe dir bei der Hose und dem Pulli und du ziehst dafür alleine die Socken an. Abgemacht?« Luisa nickt und lässt sich anziehen.

Zehn Minuten später sitzt sie immer noch ohne Socken da und schaut wiederholt Irina an. Diese sagt daraufhin: »Nein Luisa, jetzt hab ich dir schon geholfen, die Socken musst du allein schaffen. Das haben wir eben abgemacht!« Daraufhin kommen Luisa die Tränen, sie legt sich auf den Boden. Irina wird etwas ungeduldig: »Ach Luisa, hör auf. Du bist doch schon groß und kannst das allein. Ich muss mich auch um Kilian kümmern, du bist ja nicht das einzige Kind hier.«

Daraufhin fängt Luisa laut an zu weinen. Irina zieht ihr etwas genervt die Socken an und sagt: »Das finde ich jetzt echt blöd von dir«. (»Wenn du morgen wieder so ein Theater machst, helfe ich dir nicht mehr!«, raunt sie, als sie sich danach Kilian zuwendet.) Luisa weint leise weiter und schaut zu Sven, dem Kindheitspädagogen, der die Situation aus vier Metern Entfernung beobachtet hat. Als sich die Blicke treffen, schaut er schnell zur Seite.

Präsentieren Sie Ihrem Team diese Szene auf Zetteln ausgedruckt, einem Plakat oder auf Powerpoint etc. Lesen Sie die Szene und lassen Sie nun drei Freiwillige die Rollen von Luisa, Irina und Sven einnehmen. Das zuschauende Team (Publikum) notiert für sich, an welchem Punkt sie wie eingegriffen hätten.

Sie können damit beginnen, dass Sie zunächst nach dem Gefühl des Kindes fragen, müssen das bei dieser Methode jedoch nicht. Fragen Sie nach dem Szenenspiel nun die Person »Luisa«:
»Wie hast du dich in dieser Rolle gefühlt?« »Was war besonders verletzend und warum?«

Befragen Sie nun »Irina« nach den Gefühlen mit dieser Rolle.
»Wie ging es dir in der gespielten Situation?«
»Hast du eine Grenze oder Widerstand in dir gespürt? Wie leicht oder schwer fiel es dir, das zu übergehen?«
»Was denkst du, benötigt eine Person in dieser Situation, um anders zu handeln?«

Befragen Sie anschließend den »Kindheitspädagogen«:
Hattest du einen anderen Impuls, der unterdrückt werden musste? Welcher Art? Was hättest du eigentlich unternehmen wollen und wie?

Abschließend bitten Sie die Teammitglieder, ihre Überlegungen zu schildern. Moderieren Sie einen Austausch über eigene Grenzen und innere Hindernisse, die jemanden vom eigentlichen Handeln abhalten. Warum und wann gibt es solche Situationen? Was fehlt einem an dieser Stelle, um doch anders zu handeln.

Als Ergebnis sollte die Gruppe feststellen, dass jede Person in eindeutigen oder gerade auch uneindeutigen Situationen eine Form der inneren Zwiesprache hält. Oftmals fehlt der Mut oder das Vertrauen, das eigene Verhalten rechtzeitig zu stoppen oder andere aktiv auf ihr Verhalten anzusprechen oder Stellung für das Kind zu beziehen.

Varianten/Erweiterungen

Sie können die Szene auch mehrmals oder auch von wechselnden Teammitgliedern spielen lassen, um sich alle aktiv einfühlen zu lassen. Sie können auch darum bitten, dass die Rolle »Irina« verletzender bzw. weniger verletzend als im Beispiel agiert. Sollte Ihr Team bereits fortgeschritten sein, lassen Sie es am Schluss Lösungsvorschläge formulieren, wie in solchen Situationen einem »Sven« oder einer »Irina« geholfen werden könnte.

Hinweis

Aktive Rollenspiele können auch stärkere Gefühle auslösen. Sei es aufgrund biografischer Erlebnisse oder auch aktueller Ereignisse. Wenn Sie davon wissen, führen Sie diese Methode zu einem späteren Zeitpunkt durch.

3.2 Zweite Phase – Vertiefung

Nach der Darstellung der Methoden zur Annäherung an die Auseinandersetzung mit verletzendem Verhalten werden in diesem Kapitel Methoden vorgestellt, die der Vertiefung der Thematik dienen. In dieser Phase können Sie das Team bei der Reflexion persönlich erlebter Situationen unterstützen. Hierfür befassen sich die Fachkräfte mit Situationen, in denen sie entweder verletzendes Verhalten beobachtet, aber nicht eingegriffen, oder aber sich selbst verletzend verhalten haben. Es ist eine sehr persönliche und intime Phase, in welcher sich die Teammitglieder ihren Gefühlen, ihrem Fehlverhalten oder auch Fehleinschätzungen stellen (wollen). Damit dies gelingen kann, empfehlen wir, dass diese Situationen nicht offengelegt werden, auch wenn das der Wunsch wäre. Lassen Sie jedem Teammitglied Zeit, um sich mit den eigenen Beobachtungen und dem eigenen Fehlverhalten zu beschäftigen. Die Fachkräfte gehen also zuerst ins »Gespräch mit sich selbst«. Ob sie zunächst über beobachtete Situationen verletzenden Verhaltens *(B1 – B4)* reflektieren oder sich mit dem eigenen verletzenden Verhalten *(B5 – B14)* befassen, können Sie sicherlich gut einschätzen. Lassen Sie das Team durch die unterschiedlichen Methoden erfahren, dass alle Mitglieder ähnliche Gefühle erleben. Während die Methoden *B1 – B4* dazu dienen, die Beobachtung verletzender Verhaltensweisen in den Blick zu nehmen, ist die Methode *B5 Als ich mich selbst verletzend verhalten habe* Ausgangspunkt der Auseinandersetzung mit dem eigenen verletzenden Verhalten. Die Methoden *B6 – B12* dienen dann der ganz individuellen Analyse der Szenen, die die Fachkräfte zuvor für sich notiert haben.

Mit dieser Erfahrung kann nicht nur jedes Teammitglied neue Handlungsmöglichkeiten für sich ausloten, sondern es wird im Besonderen erkennbar, dass alle etwas Gemeinsames haben und dass gemeinsam – aber geschützt – an diesem Thema gearbeitet werden kann. Das ist die Grundlage dafür, dass der Übergang in die dritte Phase mit den Methoden *B13 – B17* gelingen kann.

			Methode	Vorlage
Beobachtung eines verletzenden Verhaltens	B1		Als ich verletzendes Verhalten beobachtet habe	
	B2		Als ich nicht eingegriffen habe	V7
	B3		Brief an das beobachtete Kind	
	B4		Brief an die beobachtete KollegIn	
Eigenes verletzendes Verhalten	B5		Als ich mich selbst verletzend verhalten habe	
	Bearbeitung von Szenen B5	B6	Eigene Anspannung	V8
		B7	Gefühle erinnern	
		B8	Kraft gewinnen	V9
		B9	Wie es dazu kam	
		B10	Was hätte geholfen?	V10
		B11	Um Hilfe bitten	V11
		B12	Brief an das Kind	
Übergang	B13		Als ich ein Kind war	V12
	B14		Unsere Werte und Normen	V13
	B15		Reflexionsfragen bearbeiten	V14, V15
	B16		Bitten an das Team	
	B17		Wie hättest du gehandelt?	

B1 Als ich verletzendes Verhalten beobachtet habe

Worum geht's?

- Sich mit einer Situation eigenen verletzenden Verhaltens auseinandersetzen
- Szenen detailliert beschreiben und das eigene Eingreifen bzw. die eigene Handlungsunfähigkeit reflektieren

Vorbereitung

Materialien	Sozialform	Zeit
• Papier • Stifte • evtl. Plakat	Einzelarbeit und ggf. Austausch	ca. 20-30 min

Ablauf

Erklären Sie Ihrem Team, dass in den nächsten Einheiten die Reflexion des eigenen Verhaltens – das Wegschauen oder das Verletzen – vertieft wird.
»Wichtig für diese Phase ist, dass keine Situation, die ihr euch vorstellt, öffentlich gemacht wird! Ihr bleibt ganz bei euch.«

Bitten sie das Team, sich an eine Situation zu erinnern, in welcher eine Fachkraft beobachtet wurde, die sich verletzend verhalten hat. Wichtig ist, sich an Details zu erinnern:

- Woran hast du das verletzende Verhalten erkennen können?
- Wo begann die Situation (wesentlich früher?) und wann endetet sie?

Jedes Teammitglied schreibt nun diese Szene auf und lässt nach jedem Satz eine Zeile frei. Bitten Sie anschließend darum, dass sich die Teammitglieder jeden einzelnen Satz dahingehend betrachten sollen, ob sie bereits hier hätten eingreifen können oder sollen:

- War in diesem Moment (Satz) ein verletzendes Verhalten zu befürchten oder bereits erkennbar? Wenn ja, dann markiert ihn und schreibt daneben, was ihr hättet tun können.

Durch diese Vorgehensweise wird die Szene in kleinste Mikrosituationen unterteilt. In einem letzten Schritt bitten Sie die Fachkräfte zu notieren, warum sie in der jeweiligen Mikrosituation nicht eingegriffen haben:
»Was hat dich gehindert? Welcher Widerstand in dir war aktiv?«

Zweck dieser Übung ist es, sich der Vielzahl der Möglichkeiten einzugreifen bewusst zu werden und gleichzeitig die eigenen Hemmnisse zu ergründen.

Schreiben Sie abschließend auf einen großen Zettel bzw. Plakat o.ä.:
»Was ich mir für ein nächstes Mal vornehme ist, ...«

Bitten Sie darum, dass jeder den Satz für sich vollenden soll.

Varianten/Erweiterungen

Sie können dieses Satzende auch auf Plakaten notieren lassen und mit einer Austauschrunde enden.

B2 Als ich nicht eingegriffen habe

Worum geht's?

- Mit Situationen auseinandersetzen, in denen verletzendes Verhalten beobachtet und nicht gestoppt wurde
- Gemeinsamkeiten finden

Vorbereitung

Materialien	Sozialform	Zeit
• Vorlage *V7 Das Haus* für jedes Teammitglied	Einzelarbeit	ca. 35-45 min

Ablauf

Erklären Sie Ihrem Team, dass in den nächsten Einheiten die Reflexion des eigenen Verhaltens – das Wegschauen oder das Verletzen – vertieft wird.
»Wichtig in dieser Phase ist, dass keine Situation, die ihr euch vorstellt, öffentlich gemacht wird! Ihr bleibt ganz bei euch.«

Bitten Sie darum, dass sich jeder an eine Situation erinnert, in welcher er/sie verletzendes Verhalten gegenüber einem Kind beobachtete, jedoch (zunächst) nichts weiter unternommen hat.
»Schreibt diese Situation in das Fenster im Haus auf.«

Regen Sie nachfolgend die Überlegung an, was in der verletzenden Person vorgegangen sein könnte:

- Wie kam es zu dieser Situation?

Diese Überlegung darf nun im grauen Feld des Hauses notiert werden.

Bitten Sie nun darum, zu überlegen, was es verhindert hat, dass die beobachtende Person eingegriffen hat:

- Warum hat die beobachtende Person nicht eingegriffen?

Dies soll in der Tür vermerkt werden.

Lassen Sie nun in den Keller schreiben, was in der Situation gefühlt, und nachfolgend in das eckige Dachfenster, was gedacht wurde. Fragen Sie die Teammitglieder, was ihnen Hoffnung oder Mut macht, wenn sie nun rückblickend auf diese Situation schauen. Lassen Sie dies im runden Dachfenster notieren.

Regen Sie abschließend einen Austausch an, um Verbindungen zwischen diesen Häusern bzw. Situationen herzustellen: Fokussieren Sie hierfür auf das runde Dachfenster, den Keller und die Tür.

Varianten/Erweiterungen

Bei einem nächsten Termin können Sie das Hausfeld nutzen, um die dort erfassten Bewegungsgründe der verletzenden Person an die Betreffende zu schreiben *B4 Brief an die beobachtete KollegIn*.

Hinweis

Das Fensterfeld sollte nicht öffentlich gemacht werden, da es Rückschlüsse auf die reale Situation ermöglicht.

Vorlage

V7 Das Haus

B3 Brief an das beobachtete Kind

Worum geht's?

- Sich mit einer Situation des eigenen verletzenden Verhaltens und der Frage von Schuld auseinandersetzen
- Einen Brief an das Kind schreiben

Vorbereitung

Materialien	Sozialform	Zeit
• Briefpapier • Umschläge • Stifte	Einzelarbeit	ca. 20-30 min

Ablauf

Eröffnen Sie die Einheit, indem Sie auf den Umstand verweisen, dass es Situationen gibt, in welchen ein verletzendes Verhalten – vielleicht auch nur ganz geringer Form – beobachtet, aber nicht eingegriffen wurde.
»Erinnert euch an eine Situation, in welcher ihr eine Fachkraft beobachtet habt, die sich verletzend verhalten hat. Wichtig ist, dass ihr euch erinnert, woran ihr das verletzende Verhalten erkennen konntet. Denkt auch an das, was kurz vorher und nachher geschah.«

Verteilen Sie dann an jedes Teammitglied einen Briefbogen und bitten Sie nun:
»Schreibt einen Brief an das Kind. Erläutert, was ihr gesehen habt und warum ihr nicht eingegriffen habt. Schreibt auch, was ihr an dem Kind wahrgenommen habt, welche Signale es gesendet hat, die ihr nicht wahrnehmen wolltet. Endet mit einer Entschuldigung oder Ähnlichem.«

Die Briefe werden nach Fertigstellung in das passende Kuvert gepackt und verbleiben bei den VerfasserInnen.

Zweck dieser Übung ist es einerseits, dass sich mit der eigenen Schuldfrage auseinandergesetzt wird, andererseits Worte für das Geschehene zu finden, damit sich die Fachkräfte den Situationen öffnen können.

Varianten/Erweiterungen

Sie können am Ende ebenso einen Austausch darüber anregen, was mit den Briefen jeweils geschehen wird. Kommen Sie in ein Kästchen oder als stetige Erinnerung an die Wand?

Hinweis

*Sofern vorhanden, können Sie die Teammitglieder auch die bereits aufgeschrieben Szene aus **B1 Als ich verletzendes Verhalten beobachtet habe** oder **B2 Als ich nicht eingegriffen habe** nutzen lassen.*

B4 Brief an die beobachtete KollegIn

Worum geht's?

- Sich mit einer Situation des eigenen verletzenden Verhaltens und der Frage von Schuld auseinandersetzen
- Einen Brief an die/den beobachtete/n KollegIn schreiben

Vorbereitung

Materialien	Sozialform	Zeit
• Briefpapier • Umschläge • Stifte	Einzelarbeit	ca. 20-30 min

Ablauf

Eröffnen Sie die Einheit, indem Sie an Situationen erinnern, in welchen ein verletzendes Verhalten – vielleicht auch nur ganz geringer Form – beobachtet, aber nicht eingegriffen wurde. Oder bauen Sie auf bereits erfolgte Bearbeitungen auf. Bitten Sie dann darum: »Erinnert euch an eine Situation, in welcher ihr eine Fachkraft beobachtet habt, die sich verletzend verhalten hat. Wichtig ist, dass ihr euch erinnert, woran ihr das verletzende Verhalten erkennen konntet. Denkt auch an das, was kurz vorher und nachher geschah.«

Verteilen Sie dann an jedes Teammitglied ein DIN A4 Papier und bitten Sie nun: »Schreibt einen Brief an die KollegIn. Erläutert, was ihr gesehen habt und warum ihr nicht eingegriffen habt. Was hat euch gehindert, obwohl ihr die Signale des Kindes wahrgenommen habt? Endet mit einem Vorsatz und einer Entschuldigung oder Ähnlichem.«

Die Briefe werden nach Fertigstellung in das passende Kuvert gepackt und verbleiben bei den VerfasserInnen.

Zweck dieser Übung ist es einerseits, dass sich mit der eigenen Schuldfrage auseinandergesetzt wird, andererseits Worte für das Geschehene zu finden, damit sich die Fachkräfte den Situationen öffnen können.

Varianten/Erweiterungen

Sie können am Ende ebenso einen Austausch darüber anregen, was mit den Briefen jeweils geschehen wird. Kommen Sie in ein Kästchen oder als stetige Erinnerung an die Wand?

Hinweis

Sofern vorhanden, können Sie die Teammitglieder auch die bereits aufgeschrieben Szene aus ***B1 Als ich verletzendes Verhalten beobachtet habe*** *oder* ***B2 Als ich nicht eingegriffen habe*** *nutzen lassen.*

B5 Als ich mich selbst verletzend verhalten habe

Worum geht's?

- Sich mit einer Situation des eigenen verletzenden Verhaltens auseinandersetzen
- Gemeinsamkeiten und Ähnlichkeiten finden

Vorbereitung

Materialien	Sozialform	Zeit
• Papier und Stifte • Flipchartpapier • Pappkarten und Marker	Einzelarbeit und Gruppenaustausch	ca. 35-45 min

Ablauf

Erklären Sie Ihrem Team, dass in den nächsten Einheiten die Reflexion des eigenen Verhaltens – das Wegschauen oder das Verletzen – vertieft wird.
»Wichtig in dieser Phase ist, dass keine Situation, die ihr euch vorstellt, öffentlich gemacht wird! Ihr bleibt ganz bei euch.«

Bitten Sie nun Ihr Team:
»Erinnert euch an eine Situation, in welcher ihr euch verletzend verhalten habt. Ob absichtlich oder unabsichtlich ist unerheblich. Wichtig ist, dass ihr es am Kind erkennen konntet oder es selbst gespürt habt, dass das Verhalten falsch ist. Schreibt diese Szene detailliert auf. Macht nach jedem Satz einen Absatz.«

Bereiten Sie in der Zeit drei Plakate vor, die Sie mit »Ort«, »Zeit« und »Personen« übertiteln.

Wenn alle ihre Situation aufgeschrieben haben, bitten Sie darum, dass auf den Plakaten jeweils notiert wird:

- Ort: Wo hat die Situation stattgefunden (Flur, Nebenraum, Turnhalle ...)?
- Zeit: Wann fand die Szene statt (beim Essen, Anziehen, kurz vor dem Abholen ...)?
- Personen: Waren weitere Erwachsene anwesend und wenn ja wie viele?

Besprechen Sie nun die ersten drei Plakate, indem Sie auf Ähnlichkeiten oder Gemeinsamkeiten schauen:

- Gibt es z.B. Häufungen von Orten oder Zeiten?
- War man eher allein oder gibt es Personen, die dabei waren?
- Worauf verweisen Gemeinsamkeiten?

Sie können auch weitere Fragen stellen, um den Austausch zu vertiefen:

- Erleichtert es, wenn andere Ähnliches berichten? Warum ist es so oder nicht?
- Was denkt ihr darüber, wenn andere Personen zugegen waren?

Achten Sie darauf, dass es um eine möglichst sachliche Faktenzusammenstellung geht. Das erleichtert die Überlegungen.

Verweisen Sie abschließend auf die Gemeinsamkeiten der Gefühle: Alle sind betroffen – gemeinsam! Bedanken Sie sich für die Offenheit der Gruppe, bevor Sie die Einheit beenden.

Varianten/Erweiterungen

Wenn alle ihre Situation aufgeschrieben haben, können Sie auch darum bitten, aktuelle Gefühle auf eine Karte zu schreiben und diese miteinander zu vergleichen. Die Vielfalt an Emotionen können Sie auch mit der Methode *B7 Gefühle erinnern* bearbeiten bzw. vertiefen.

Hinweis

Die aufgeschriebenen Situationen werden auch für die nachfolgenden Methoden benötigt. Deshalb sollten Sie die Teammitglieder darauf hinweisen, dass sie diese Szenen zum nächsten Termin wieder mitbringen.

B6 Eigene Anspannung

Worum geht's?

- Sich mit Situationen des eigenen verletzenden Verhaltens auseinandersetzen und sich der eigenen Gefühle und Anspannungen bewusst werden
- Gemeinsamkeiten und Ähnlichkeiten finden

Vorbereitung

Materialien	Sozialform	Zeit
• Kopien *V8 Spannungsbalken* • Stifte in rot, schwarz und blau	Einzelarbeit und Gruppenaustausch	ca. 25 min

Ablauf

Bitten Sie die Teammitglieder, ihre aktuelle Anspannung auf der Vorlage *V8 Spannungsbalken* zu markieren (schwarz). Gehen Sie in einen ruhigen Austausch über die gewählten Markierungen – dem Ist-Stand des Teams. Lassen Sie anschließend die Teammitglieder sich an ihre notierte *(B5)* oder eine andere Szene des eigenen verletzenden Verhaltens erinnern bzw. lesen. Bitten Sie nun darum, dass sie auf der Vorlage *V8 Spannungsbalken* dort ein rotes Kreuz setzen, welches ihrem Spannungsgrad in der aufgeschriebenen Situation entspricht. Sie können nachfragen, wo Markierungen gesetzt wurden. Lassen Sie nachfolgend ein weiteres Kreuz in grün setzen, welches die nun aktuelle Anspannung anzeigen soll.

Initiieren Sie einen Austausch über die drei Kreuze, z.B.:

- Was sagt uns die Anordnung der Kreuze?
- Warum gibt es evtl. eine Verschiebung zwischen dem ersten und dem dritten Kreuz, obwohl doch nur zwei Minuten dazwischenliegen?
- Wo gibt es Gemeinsamkeiten, wo Unterschiede?
- Was löst die Anspannung in mir aus?
- ...

Geben Sie zu verstehen, dass die vorgestellte Situation nach wie vor Spannungen und Emotionen in (wahrscheinlich) allen aktiviert. Binden Sie die Teammitglieder mit ein, indem Sie z.B. fragen:

- Welche Möglichkeiten seht ihr, um wieder mehr in den Entspannungsbereich zu gelangen?
- Was beruhigt euch?

Bestätigen Sie zum Abschluss, dass die Auseinandersetzung mit der Thematik zwar anspannend ist, sich gleichzeitig jedoch Spannungen lösen sollten. Die Erkenntnis, dass viele oder alle TeilnehmerInnen die Anspannungen spüren, ist ein verbindendes Element. Denn wenn andere Ähnliches spüren, wirkt das erleichternd. Auch wenn dadurch die verletzende Situation nicht aufgelöst wird, so lösen sich Spannungen in einem persönlich als auch untereinander.

Varianten/Erweiterungen

Sie können auch nur mit Bodenvorlagen arbeiten. So lässt sich ein guter Verlauf der Spannungs- und Gefühlslagen während der Einheit visualisieren.

Hinweis

Wichtig ist, dass es Ihnen gelingt, in einen positiven Abschluss zu kommen. Deshalb kann es vorteilhaft sein, eine weitere Methode (z.B. ***B8 Kraft gewinnen****) anzuwenden, um zu einem positiven Ende zu gelangen.*

Vorlage

V8 Spannungsbalken

B7 Gefühle erinnern

Worum geht's?

- Sich mit Situationen des eigenen verletzenden Verhaltens auseinandersetzen und Gefühle erinnern
- Gemeinsamkeiten finden

Vorbereitung

Materialien	Sozialform	Zeit
• Papier und Stifte • Pappkarten und Marker • Dokumentenfolie o.ä.	Einzelarbeit und Gruppenaustausch	ca. 30 min

Ablauf

Lassen Sie alle TeilnehmerInnen ihre Szene lesen. Bitten Sie darum, dass jede Person die drei stärksten Gefühle, die sie in bzw. nach der Situation gespürt hat, auf je einer Karte notiert. Die Karten werden dann sichtbar ausgelegt oder aufgehangen. Je nach Gruppengröße können Sie die Karten auch sortieren bzw. clustern, so dass eine bessere Übersicht entsteht und die häufigsten Gefühle auffallender positioniert oder verdeutlicht werden.

Lassen Sie dem Team Zeit, die Karten zu lesen. Werfen Sie nachfolgend gemeinsam einen Blick auf die Gefühle und versuchen Sie auch die Gemeinsamkeiten zu benennen. Sollte es die Atmosphäre zulassen, können Sie auch Gefühle weiter thematisieren, z.B.: »Was bedeutet es, dass X und Y die stärksten Gefühle sind?«

Verweisen Sie auf die Gemeinsamkeiten der Gefühle:

- Alle sind betroffen und berührt.
- Es ist etwas Gemeinsames, was verbindet!
- Keiner steht allein.

Lassen Sie abschließend die Gruppe ein Wort für all diese Gefühle finden, z.B.:

- Welches Wort würde all diese Gefühle umfassen?
- Was wäre ein richtiges Wort für diese Fülle an Emotionen?

Schreiben Sie dieses auf einen Zettel, legen ihn sichtbar in eine Dokumentenfolie o.ä. und legen alle Karten mit hinein. Enden Sie mit einer optimistischen Zusammenfassung oder einem positiven Ausblick. Bedanken Sie sich für die Offenheit der Gruppe, bevor Sie die Einheit beenden.

Varianten/Erweiterungen

Sie können zur Wortfindung auch Kleingruppen einsetzen. Sollten mehrere Vorschläge gut gelungen sein und die Gruppe findet zu keiner gemeinsamen Entscheidung, dann nehmen Sie alle gewünschten Worte auf.

B8 Kraft gewinnen

Worum geht's?

- Sich mit Situationen des eigenen verletzenden Verhaltens auseinandersetzen und sich der eigenen Gefühle und Anspannungen bewusst werden
- Lösungen für Kraft zehrende Situationen überlegen

Vorbereitung

Materialien	Sozialform	Zeit
• Kopien *V9 Kraftbalken* • Stifte • Flipchart oder Bodenvorlage	Einzelarbeit und Gruppenaustausch	ca. 25 min

Ablauf

Geben Sie zu verstehen, dass die vorgestellte Situation nach wie vor Spannungen und Gefühle in (wahrscheinlich) allen aktiviert. Lassen Sie die Teammitglieder sich ihre Szene vergegenwärtigen oder lesen.

Nun verteilen Sie die Vorlage *V9 Kraftbalken* und bitten die Teammitglieder nachzuspüren, wieviel Energie und Kraft sie in der Situation gespürt haben. Dies soll entsprechend markiert werden. Achtung: Es geht bei dieser Frage nicht um die Stärke des Schreiens oder der Wut, sondern darum, wieviel Energie vorhanden war.

Im nächsten Schritt wird überlegt, was jede Person in der Situation gebraucht hätten, um einen, zwei oder x Punkte mehr Kraft zu spüren. Dies wird auf der Vorlage entsprechend markiert und notiert (Ich hätte mehr Kraft gehabt, wenn ...).

Sammeln Sie die Überlegungen zur Steigerung, indem Sie entweder

- diese auf Flipcharts notieren lassen (Fertigen Sie hierfür vorab zwei Plakate mit der Überschrift an »Ich hätte mehr Kraft gehabt, wenn ...«)
- oder die Teilnehmerinnen sich auf einem – auf dem Boden ausgelegten Balken – positionieren lassen. Nacheinander wechseln die Teammitglieder zu ihrer neuen Markierung und teilen ihre Überlegung (»Ich wäre zwei Punkte kraftvoller gewesen, wenn ...«).

Bitten Sie in einer Abschlussrunde die Teilnehmenden, dass sie ihre Eindrücke erläutern sollen. Schließen Sie diese Methode, indem Sie auf die Normalität von kraftzehrenden Situationen verweisen. Jedoch sollte man an dieser Stelle nicht verharren – alle sind gefordert, Auswege und Hilfen zu finden. Dem nähert sich das Team gerade an. Wenn es passt, können Sie die Sitzung beenden, indem Sie alle Teilnehmenden auffordern, einen Wunsch an ihr Team zu äußern.

Im Ergebnis sollen die TeilnehmerInnen mitnehmen, dass Situationen verletzenden Verhaltens kraftraubend sind oder durch Kraftlosigkeit entstehen. Es ist wichtig und richtig, dass Unterstützung angefragt wird, damit verletzende Situationen erst gar nicht entstehen.

Varianten/Erweiterungen

Geben Sie den Teammitgliedern eine Frage zur Selbstbeantwortung mit, wie z.B.:

- Muss, darf und kann ich es sagen, wenn ich Hilfe benötige?
- Was hindert mich daran?
- Was könnte für mich ein erster Schritt sein, um mehr Hilfe einzufordern?

Vorlage

V9 Kraftbalken

B9 Wie es dazu kam

Worum geht's?

- Sich mit Situationen des eigenen verletzenden Verhaltens auseinandersetzen
- Herausarbeiten, was zum verletzenden Verhalten führte

Vorbereitung

Materialien	Sozialform	Zeit
• eigene notierte Szene (*B5 Als ich mich selbst verletzend verhalten habe*) • zwei farbige Stifte • evtl. Plakat	Einzelarbeit	ca. 20-30 min

Ablauf

Lassen Sie Ihr Team ihre eigenen Situationen lesen und den Punkt markieren, an welchem sie eine eigene Linie überschritten und auf eine bestimmte Art und Weise gehandelt haben. Bitten Sie dann darum:
»Überlegt nun, an welcher entscheidenden Stelle die Situation hätte anders verlaufen können, wenn etwas geschehen wäre. Markiert diese Stelle mit einem roten Strich.«

Fragen Sie in die Runde, ob diese markierten Stellen gleich sind oder auseinanderliegen. Es werden einige, wenn nicht sogar alle Teammitglieder zwei Linien an unterschiedlichen Stellen der Situation gezogen haben. Heben Sie hervor, dass oft Sekunden oder auch Minuten vorher sensible Weggabelungen bestehen, der sogenannte Rubicon. In der jeweils vorliegenden Situation ging der Weg an dieser Weggabelung bzw. ab diesem Punkt unausweichlich in Richtung eines verletzenden Verhaltens. Die Frage aber ist:

- Was hätte geschehen müssen, damit ich anders gehandelt hätte?
- Was hat gefehlt?

Bitten Sie darum, dass die Teammitglieder für sich notieren, was sie eine andere Richtung hätte nehmen lassen. Führen Sie nachfolgend ein Gespräch über genau diese fehlenden Aspekte, die die Situation hätten anders verlaufen lassen. Es werden aller Wahrscheinlichkeit nach fehlende Unterstützung und Hilfen sein, die identifiziert werden, aber vielleicht auch eigene Unzulänglichkeiten.

Ziel dieser Methode ist es zu erkennen, dass Fachkräfte die Chance haben, rechtzeitig anders zu handeln, wenn sie sensibel für diese Weggabelung werden. Sie sind den Situationen nicht ausgeliefert, es gibt immer Weggabelungen und damit Entscheidungsspielräume. Diese müssen wahrgenommen werden.

Varianten/Erweiterungen

Alternativ können Sie die entscheidenden Punkte bei einer Weggabelung auf Plakate schreiben lassen. Dadurch entsteht eine bessere und oft auch gemeinsamere Übersicht. Mit der Methode *B10 Was hätte geholfen?* können Sie direkt anschließen.

B10 Was hätte geholfen?

Worum geht's?

- Sich mit Situationen des eigenen verletzenden Verhaltens auseinandersetzen
- Unterstützende Angebote identifizieren

Vorbereitung

Materialien	Sozialform	Zeit
• bearbeitete Szene aus *B9 Wie es dazu kam* • Kopien Vorlage *V10 Anker*	Einzelarbeit	ca. 30 min

Ablauf

Mit der Erkenntnis, dass wir eine Chance haben, rechtzeitig umzudenken, wenn wir sensibel für die Weggabelungen sind, soll der Blick auf die identifizierten Hilfen und Unterstützungen gelegt werden. Bitten Sie die Teammitglieder darum, dass sie in ihrer Szene Anker markieren.

»Was hätte an welcher Stelle konkret geholfen, um das eigene verletzende Verhalten zu verhindern? Schreibt diese konkret auf, wie z.B. ›eine Pause‹, ›Herausgehen aus der Situation‹, ›Bis zehn zählen‹, ›Hilfe holen‹ etc.«

Mit den identifizierten Ankern geht es in die zweite Reflexionsphase. Teilen Sie die Vorlage *V10 Anker* aus:

»Schreibt nun eure Anker auf und notiert jeweils dahinter, was ihr dafür konkret tun müsst oder wen ihr um Unterstützung bitten möchtet – sei es vorab oder in sich zuspitzenden Situationen.«

Die notierten Anker sollen verdeutlichen, dass jeder Einzelne für sich aktiv werden kann und man nicht ohnmächtig ist. Dennoch braucht es andere zur Unterstützung.

Sie können die Methode hier beenden oder gehen aber an dieser Stelle einen weiteren Schritt. Lassen Sie die Anker (Bitten), die sich an die Leitung richten, an diese übergeben. Sofern Sie die Leitung sind, erfordert dieser Schritt etwas Mut: Bitten Sie Ihre Teammitglieder, die Anker, die sich an Sie als Leitung richten, auf eine Karte zu schreiben und Ihnen zu übergeben. So können Sie sich lösungsorientiert mit den Ankern auseinandersetzen. Wenn Sie als Kinderschutzbeauftragte, FortbildnerIn o.ä. das Team führen, so besprechen Sie die Umsetzungsmöglichkeit mit der Leitung.

Varianten/Erweiterungen

Alternativ können Sie die Methode *B11 Um Hilfe bitten* hierfür nutzen oder kombinieren.

Hinweis

»Lösungsorientierte Auseinandersetzung« bedeutet hier, dass Sie als Leitung offen mit den zumeist fehlenden Rahmenbedingungen umgehen. Gegebenenfalls sollten Sie ein Gespräch mit dem Träger suchen, um ihm Zusammenhänge – z.B. Überforderungssituationen durch Personalmangel – aufzuzeigen. Durch solche Gespräche nehmen Sie den Träger in die Pflicht, denn Überlastungssituationen, die das Wohl des Kindes gefährden können, müssen nach §47 SGB VIII beim Landesjugendamt angezeigt werden. Mögliche Maßnahmen, die dann folgen, sind z.B. temporäre Reduzierungen oder Gruppenschließungen.

Gleichzeitig zeigen Sie Ihrem Team auf, dass Sie gewillt sind, sich mit Unterstützungsanfragen, die mitunter Kritik an Ihrer Person enthalten, konstruktiv auseinanderzusetzen. Damit sind Sie ein wichtiges Vorbild für Ihr gesamtes Team.

Vorlage

V10 Anker

B11 Um Hilfe bitten

Worum geht's?

- Sich mit Situationen des eigenen verletzenden Verhaltens auseinandersetzen
- Unterstützende Angebote identifizieren und Bitten an KollegInnen formulieren

Vorbereitung

Materialien	Sozialform	Zeit
• Vorlage *V11 Wünsche* • Umschläge, Stifte • wenn vorhanden, ausgefüllte Vorlage *V10 Anker*	Einzelarbeit	ca. 15-20 min

Ablauf

Durch die zuvor vorgestellten Methoden wurde deutlich, dass Fachkräfte die Hilfe anderer nutzen können, um das eigene (verletzende) Verhalten zu erkennen und Wege der Lösung zu finden. Jeder Einzelne kann für sich aktiv werden und überlegen, wen man sich an welchem Punkt und in welcher Form um Unterstützung bittet. Verteilen Sie die Vordrucke und erläutern Sie die Vorgehensweise:
»Notiert euren Wunsch bzw. eure Bitte an die betreffende Person, indem ihr möglichst konkret darstellt, wann die Person was tun soll.«

Verteilen Sie weitere Vordrucke, wenn weitere Wünsche notiert werden sollen. Jeder Wunschzettel wird gefaltet und in einem Umschlag gelegt, der mit dem Namen des Empfängers versehen ist. Besprechen Sie mit dem Team, dass zu einem späteren Zeitpunkt entschieden wird, ob der Brief weitergegeben wird. Wichtig ist, dass die Fachkräfte Vertrauen zu anderen fassen und sich in schwierigen Situationen nicht allein fühlen.

Varianten/Erweiterungen

Ebenso können Sie jedem Einzelnen überlassen, ob die (einzelnen) Wunschzettel gleich übergeben werden. Wer bereits offen genug ist und Vertrauen in das Kollegium hat, wird diese Möglichkeit auch nutzen. Wunschzettel an die Leitung könnten auch direkt im Anschluss an die Sitzung übergeben werden.

Hinweis

*Sie können auch mit der ausgefüllten Vorlage **V10 Anker** aus **Methode B10 Was hätte geholfen?** beginnen. Bitten Sie in dem Fall Ihr Team darum, dass sie auf ihre Ankertabelle schauen, um zu entscheiden, welchen der dort notierten KollegInnen man einen Wunsch um Hilfe und Unterstützung zukommen lassen will.*

Vorlage

V11 Wünsche

B12 Brief an das Kind

Worum geht's?

- Sich mit Situationen des eigenen verletzenden Verhaltens und mit der Frage von Schuld auseinandersetzen
- Einen Brief an das Kind schreiben

Vorbereitung

Materialien	Sozialform	Zeit
• Zellel oder Briefpapier • Stifte	Einzelarbeit	ca. 20-30 min

Ablauf

Motivieren Sie das Team, sich mit einer Situation aus der eigenen Kindheit zu befassen: »Erinnert euch an eine Situation aus eurer Kindheit, wo euch Unrecht getan oder ihr verletzt wurdet und diese Person sich bei euch entschuldigt hat.«

Regen Sie einen Austausch hierüber an und fragen Sie z.B.:

- Was hat euch daran gutgetan?
- Wir habt ihr die Person damals gesehen und wie seht ihr sie heute?

Verteilen Sie an jedes Teammitglied einen Briefbogen und bitten Sie, dass sich die Teammitglieder an ihre notierte Szene eigenen verletzenden Verhaltens erinnern (*B5 Als ich mich selbst verletzend verhalten habe*). Bitten Sie dann die einzelnen Fachkräfte: »Schreibe einen Brief an das von dir verletzte Kind. Erläutere, wie es zu dieser Situation gekommen ist. Schreibe auch, welche Signale das Kind gesendet hat, die du nicht wahrgenommen oder absichtlich übersehen hast. Beende den Brief mit einer Entschuldigung o.ä.«

Die Briefe werden nach Fertigstellung in das passende Kuvert gepackt und verbleiben bei den VerfasserInnen.

Zweck dieser Übung ist es einerseits, sich mit der eigenen Schuldfrage auseinanderzusetzen, andererseits Worte für das Geschehene zu finden, damit wir uns den Situationen öffnen können.

Varianten/Erweiterungen

Sie können am Ende ebenso einen Austausch darüber anregen, was mit den Briefen jeweils geschehen wird. Kommen Sie in ein Kästchen oder als stetige Erinnerung an die Wand?

B13 Als ich ein Kind war

Worum geht's?
- Zusammenhänge zur eigenen Kindheit entdecken
- Biografiearbeit als Form der Selbstreflexion erleben

Vorbereitung

Materialien	Sozialform	Zeit
• Zettel • Stifte • Kopien Vorlage *V 12 Kind*	Einzelarbeit und Gruppenaustausch	ca. 30-45 min

Ablauf
Eröffnen Sie damit, dass sich heute alle mit ihrer eigenen Biografie befassen. Situationen enthalten oft versteckte Botschaften, die wir als Erwachsene manchmal unbewusst vermitteln wollen. Diese versteckten Botschaften können z.B. sein:
- Du machst, was ich sage.
- Ich habe keine Zeit für dich.
- Ich bin älter, deshalb weiß ich, wie das geht.
- Du musst mir vertrauen, auch wenn es jetzt nicht schön ist.
- Das wird jetzt probiert.
- Ich will, dass ...

Mit dieser Übung sollen die eigenen versteckten Botschaften herausgefunden werden. Bitten Sie alle, sich zu überlegen, was die Kernbotschaft ihres verletzenden Verhaltens war.

Leiten Sie dann dazu über, dass wir solche Kernbotschaften auch in unserer Kindheit erfahren haben. Verteilen Sie nun die Vorlage *V 12 Kind* und bitten Sie darum, dass jede diese Kernbotschaft in die Sprechblase überträgt. Anschließend wird sich dem dritten Schritt auf dem Blatt gewidmet:
»Gibt es ähnliche Erfahrungen oder Situationen, die uns an diese Kernbotschaft erinnern?«

Vielleicht wird nicht jede eine solche Szene finden. Sie können aber davon ausgehen, dass alle Fachkräfte Berührungspunkte in sich tragen. Die Fragen des vierten Kästchens sollen die Teammitglieder dazu anregen, über die eigenen Gefühle in der Situation nachzudenken und darüber, inwieweit ihre Kernbotschaft dem entgegensteht. Sie können nun hierüber einen Austausch führen oder diesen letzten Part durch weitere Fragen unterstützen:

- Kann es sein, dass eine Verbindung zwischen diesen Szenen besteht?
- Tragen wir etwas weiter, weil uns selbst in der Kindheit Unrecht getan wurde?
- Wenn nicht, stimmen unsere (alten) Kernbotschaften mit heutigen pädagogischen Werten und Rechten von Kindern überein?

Fragen wir das Kind in uns:

- War das Gefühl von damals echt?
- Was hätten wir uns damals gewünscht?

Es erfordert von Ihnen einiges Geschick, um einen Austausch über diese Fragen zu moderieren. Wichtig ist, dass Sie bei den Fragen bleiben und keine Antworten geben. Denn diese kann nur jede einzelne Person für sich finden. Schließen Sie damit, dass Menschen nicht losgelöst von ihren erlebten Erfahrungen agieren. Sie tragen viel Schönes und Gutes weiter, aber manchmal eben auch Verletzungen oder Gefühle. Am ehesten zeigt sich dies in den Dingen, die uns besonders am Herzen liegen:
»Was macht ihr heute besonders gern mit Kindern, was auch ihr als Kind besonders schön in Erinnerung habt?«

Lassen Sie mit diesen Erzählungen die Einheit ausklingen.

Varianten/Erweiterungen

Sie können auch ohne Vorlagen arbeiten und die einzelnen Schritte einblenden/ankündigen/aufschreiben etc. Die allgemeinen Normen und Werte werden mit der Methode *B14 Unsere Werte und Normen* in den Blick genommen.

Hinweis

Biografiearbeit bewirkt manchmal Gefühlsausbrüche. Haben Sie Ihre Gruppe gut im Blick und leiten Sie, falls notwendig, in gute Erinnerungen über.

Vorlage

V 12 Kind

B14 Unsere Werte und Normen

Worum geht's?

- Zusammenhänge zur eigenen Kindheit entdecken und Biografiearbeit als Form der Selbstreflexion entdecken
- Eigene Werte und Normen reflektieren

Vorbereitung

Materialien	Sozialform	Zeit
• Aufgeschriebenes eigenes Beispiel • Stifte • Vorlage *V13 Werte und Normen* für die TN	Einzelarbeit und Gruppenaustausch	ca. 30-45 min

Ablauf

Eröffnen Sie damit, dass Erziehung und Bildung von Kindern eng mit den Werten (z.B. Ehrlichkeit, Hilfsbereitschaft ...) und Normen verbunden sind, die einem wichtig sind. (Nach dem Toilettengang werden Hände gewaschen. Wir bleiben sitzen, bis alle aufgegessen haben.) Werte und Normen sind kulturell und gesellschaftlich, aber auch individuell geprägt.

Verteilen Sie die Vorlage *V13 Werte und Normen* und bitten Sie darum, dass jeder seine zehn wichtigsten Werte, Normen bzw. Regeln aufschreiben soll (es dürfen auch mehr sein). Sobald das geschehen ist, lassen Sie die Teammitglieder ihre Punkte danach betrachten, welche davon ...

- auch von allen anderen Fachkräften bzw. Freunden geteilt werden (grün markieren).
- von einigen anders gesehen und gehandhabt werden (gelb markieren).
- von vielen Fachkräften anders gesehen und gehandhabt werden (rot markieren).

Erläutern Sie, dass verschiedene Ansichten zu unterschiedlichen Werten und Normen führen. Es bedeutet nicht, dass es nur einen richtigen Wert und eine angemessene Norm gibt, sondern durchaus verschiedene und auch gleichwertige Perspektiven: So gibt es in der Praxis der Begrüßung höchst unterschiedliche Formen (Handschlag, nicken, verbal grüßen, verbeugen, Siezen bzw. Duzen, Blick senken, umarmen, Wangenküsschen ...), die nicht von allen gleich akzeptiert sind oder sogar als ungehörig empfunden werden.

Vieles wird aus der Kindheit übernommen (Sozialisation) und nicht zwingend hinterfragt. Manche Werte und Normen ändern wir bewusst, weil sich unsere Meinung oder Kultur ändert. Manchmal ist man gezwungen, eine Begrüßungsform zu ändern, wie durch die Covid-19-Pandemie, wo ein Handschlag oder mehr gegeben werden oder man sich nicht mehr umarmen durfte. Verändern sich die äußeren Umstände wieder, findet man womöglich zu früheren Werten und Normen zurück.

Wenn Werte oder Normen unterschiedlich gesetzt, gelebt und bewertet werden, sollten wir die Begründungen sichtbar machen, um sie auf ihre Aktualität und Notwendigkeit zu hinterfragen.

Im nächsten Schritt werden die gelb oder rot markierten Werte und Normen in die Felder unterhalb übertragen und Begründungen für sie gegeben. Geben Sie nun Ihr persönliches Beispiel bekannt.

Führen Sie aus, wie schwierig die eigene Auseinandersetzung ist, wenn es sich um biografisch geprägte Werte und Normen handelt. Zeigen Sie auf anschauliche Art und Weise Ihren Umgang damit.

Fragen Sie nun in die Runde:
»Wer hat einen Wert oder eine Norm biografisch begründet?« (z.B.: War als Kind schon so; Haben mir meine Eltern so vermittelt oder vorgelebt etc.)

Fragen Sie, ob dieser Wert oder diese Norm zur Diskussion gestellt werden darf. Diskutieren Sie den Wert und die Norm mit Blick auf ihre Aktualität. Geben Sie Hinweise z.B. auf die Rechte, die Kindern zustehen. Achten Sie darauf, Begründungen wertschätzend miteinzubeziehen.

Nehmen Sie anschließend weitere biografische oder auch andere gelb bzw. rot markierte Beispiele und führen Sie eine lebendige Diskussion.

Ziel dieser Einheit ist nicht, dass am Ende alle die gleichen Normen und Werte haben sollen. Es geht um die Bewusstheit und das kritische Hinterfragen der eigenen Normen und Werte.

Varianten/Erweiterungen

Sie können auch mit Ihrem persönlichen Beispiel beginnen.

Hinweis

Seien Sie selbst offen, um die Offenheit Ihres Teams zu erzeugen. Indem Sie die eigene Fehlerhaftigkeit eingestehen, ermutigen Sie die anderen, sich ihren eigenen Fehlern zu stellen.

B15 Reflexionsfragen bearbeiten

Worum geht's?

- Sich mit dem eigenen Verhalten gegenüber Kindern, dem Team und den KollegInnen auseinandersetzen
- Fragenkatalog Sensitiver Responsivität erproben

Vorbereitung

Materialien	Sozialform	Zeit
• *V14 Reflexionsfragen I* für alle TN • *V15 Reflexionsfragen II* für die Leitung • Stifte	Einzelarbeit	ca. 30 min

Ablauf

Sofern Sie die Leitung sind, sollten Sie vorab die Vorlage *V15 Reflexionsfragen II* für sich erarbeitet haben.

Führen Sie das Team in das Thema Selbstreflexion und dessen Bedeutung für die pädagogische Arbeit ein. Selbstreflexion dient vor allem dazu, dass wir in einem geschützten Raum kritisch auf das eigene Verhalten zurückblicken. Hierbei können gezielte Fragen helfen. Verteilen Sie die Reflexionsfragen und bitten Sie darum:
»Stellt euch ein Kind vor, wo euch der Kontakt bzw. die Interaktion etwas schwerer fällt. Lest die Fragen nacheinander.«

Bitten Sie dann darum:
»Beantwortet sie ehrlich, findet Beispiele und befasst euch mit euren Gedanken zu den Fragen. Notiert euch, was ihr euch vornehmt. Worauf wollt ihr zukünftig achten? Wählt abschließend die drei wichtigsten Fragen aus und umrahmt sie.«

Ermuntern Sie dazu, dass sich das Team über diese drei ausgewählten Punkte austauscht:

- Warum beschäftigen dich diese Frage am meisten?
- Welche weiteren Gedanken kommen dir bei diesen Fragen?
- Hat sich dein Blick auf das Kind verändert?

Schließen Sie damit, dass ein achtsamer Umgang miteinander aus genau diesen Aspekten entsteht.

Hinweis

Sollten Sie als Leitung diese Methode einsetzen, dann seien Sie mutig und geben Beispiele aus Ihrer eigenen Bearbeitung. Damit ermutigen Sie Ihr Team, genauso kritisch und ehrlich mit sich umzugehen.

B16 Bitten an das Team

Worum geht's?

- Sich mit Situationen des eigenen verletzenden Verhaltens auseinandersetzen und Bitten an das Kollegium formulieren
- Schweigendes Schreiben und Gehen erproben

Vorbereitung

Materialien	Sozialform	Zeit
• Plakate	Einzelarbeit	ca. 15-20 min

Ablauf

Bereiten Sie Plakate vor, auf denen Sie in der Überschrift notieren:
Liebes Team, ich bitte euch, solltet ihr bemerken, dass ich Gefahr laufe, verletzend zu werden oder es sogar schon bin, dann: ...

Bitten Sie die anwesenden Teammitglieder darum, dass sie schweigend diese Bitte vervollständigen. Verweisen Sie darauf, dass das Schweigen wichtig für diese Aufgabe ist. Geben Sie dem Team ca. 10 Minuten Zeit, denn es können auch mehrere Bitten formuliert werden.

Gehen Sie in den Austausch und fragen z.B.:
»Welche Bitte berührt euch sehr? Welche ist schwierig? Welche ist leicht?«

Fragen Sie die Teammitglieder, ob sie den Bitten folgen können.

Sie befinden sich im Übergang zur dritten Phase. In dieser Phase geht es um Achtung, Vertrauen und Wertschätzung. Mit den offenen Bitten zeigt jeder Einzelne, dass man sich den Situationen stellen und sich auch für kritische Betrachtung öffnen kann. Sofern möglich, sollten alle Teilnehmenden die Bitten anerkennen.

Varianten/Erweiterungen

Zur Auflockerung oder Vertiefung können Sie auch weitere Plakate vorbereiten, wie z.B.:

- Liebes Team, ich bitte euch, sollte ich ein Kind glücklich gemacht und das nicht bemerkt habe, dann: ...
- Liebes Team, ich bitte euch, sollte ich einmal schlecht gelaunt sein, dann: ...

Hinweis

Manchen Teams hilft es, wenn sie die Ergebnisse unterschreiben, weil sie wichtige Meilensteine markieren.

B17 Wie hättest du gehandelt?

Worum geht's?

- Sich mit Situationen des eigenen verletzenden Verhaltens auseinandersetzen und die eigene Rolle übernehmen lassen
- Alternative Handlungsmöglichkeiten erleben

Vorbereitung

Materialien	Sozialform	Zeit
• Platz für das Rollenspiel • ggf. Verkleidungsutensilien	Rollenspiel	ca. 30-45 min

Ablauf

Verdeutlichen Sie dem Team, dass bereits eine guter Teil der Wegstrecke zurückgelegt wurde. Bevor es in die nächste Phase geht, dient diese Übung dazu, sich allein mit der eigenen verletzenden Situation auseinanderzusetzen. Dennoch wird hierbei das Team miteinbezogen.

Es geht darum, dass man selbst (als Fallgebende) das Kind in seiner aufgeschriebenen Situation übernimmt und jemanden auswählt, der in die eigene Fachkraftrolle (als spielende Fachkraft) geht. Um die Szene nachzuspielen, braucht es lediglich notwendige Eckdaten, die die Fallgeberin selbst an die spielende Fachkraft gibt (z.B.: Du bist allein seit 30 Minuten. Es war den ganzen Tag unruhig. Gerade ist etwas heruntergefallen.). Die spielende Fachkraft kann die Situation so besser nachvollziehen.

Nun beginnt die Fallgebende in der Rolle als Kind die Szene. Sie spielt das, was sie in der Situation von dem Kind erfuhr. Die spielende Fachkraft soll einfach darauf reagieren, wie sie normalerweise handeln würde. Es ist der Fallgeberin möglich, das Kind auch anders (z.B. auch übertrieben) darzustellen. Sie darf die spielende Fachkraft jedoch nicht weiter instruieren.

Ziel ist es, dass andere Handlungsmöglichkeiten real erfahren werden und sich zeitgleich mit der eigenen Rolle in der Situation auseinandergesetzt wird. Dabei weiß das Team nicht, wie man selbst reagiert hat, die reale Situation bleibt geheim. Dennoch bearbeitet die Fallgebende die Situation mithilfe des Teams.

Bereichernd ist es, wenn verschiedene Personen nacheinander als spielende Fachkraft agieren. Hierdurch erfährt das Team gleich mehrere Handlungsoptionen.

Varianten/Erweiterungen

In jedem Fall dürfen auch weitere Beteiligte miteinbezogen werden, die in der Szene ganz individuell handeln.

Hinweis

Rollenspiele können emotional aufwühlen, so dass Sie gefordert sind, die Situation der Fallgebenden gut zu beachten. Sie darf die Rolle des Kindes ausleben, aber eben nicht die Rolle der Fachkraft bestimmen. Würde sie das tun, dann würde es eventuell zu emotionalen Übertragungen kommen und die Methode wäre nicht wirksam.

3.3 Dritte Phase – Gemeinsam handeln

In der dritten Phase können sich die Fachkräfte nun ganz offen Situationen zuwenden, die sie selbst erlebt haben. Ziel ist es, so miteinander ins Gespräch zu kommen, dass gemeinsame Wege des Handelns entwickelt werden können. Wir empfehlen, dass zu Beginn dieser Phase die bestehenden Gesprächsregeln überprüft und gegebenfalls angepasst werden *(C1, C2)*. Zudem braucht es Ihre Einschätzung und Ihr Fingerspitzengefühl, um abzuwägen, wie sehr sich die Fachkräfte öffnen können. Bei einer eher indirekten Form der Offenheit werden die realen Situationen und Personen vor der eigentlichen Bearbeitung einer Szene verändert (*C3 Anonymisierte Szenen für das Team sammeln*). Dies dient nicht nur als letzte Schutzzone der Fachkräfte, sondern vor allem dafür, dass die Aspekte des verletzenden Verhaltens sowie die daran beteiligten Personen neutraler und sachlicher betrachtet werden können. Eigene Erlebnisse und Erfahrungen mit Kindern können die Einschätzungen der Fachkräfte ansonsten auch beeinflussen. Manchmal führt das zu eingeschränkten Lösungen bis hin zu Zuschreibungen einer Mitschuld des Kindes. Die Bearbeitung anonymisierter, aber dennoch realer Szenen, bietet der verletzend agierenden Person die Chance, sich mit der Szene auseinanderzusetzen und den eigenen Blick geschützt zu erweitern. Zugleich hilft die Auseinandersetzung mit den unterschiedlichen Methoden, immer geübter bei der Reflexion von Szenen vorzugehen.

Die Bearbeitung der Methoden zu *C4 Reale Szenen sammeln* bietet sich insbesondere dann an, wenn das Team bereits gut und konstruktiv miteinander arbeitet, und vor allem dann, wenn diese Form von allen gewünscht wird.

Die Szenen können in Einzelschritten bearbeitet werden. Außerdem ist es möglich, sich mehreren Szenen hintereinander an einem Termin zu widmen. Unabhängig davon, ob Sie die anonymisierten oder die realen Szenen nutzen, eignen sich die Methoden *C5 – C10* zur Analyse beider Arten von Szenen. Wählen Sie alle Szenen mit Bedacht aus und achten Sie darauf, welche Analyseformen für Ihr Team passen. Es ist nicht notwendig, dass Sie alle Methoden abarbeiten. Gehen Sie entsprechend Ihrer Einschätzung, Ihres Teams, der Zeit und der besonderen Umstände vor.

		Methode
Gemeinsamer Rahmen	C1	Austausch über Gesprächsleitlinien
	C2	Gesprächsleitlinien priorisieren
Eigene Szenen gemeinsam bearbeiten	C3	Anonymisierte Szenen für das Team sammeln
	C4	Reale Szenen sammeln
Szenenanalyse	C5	Perspektive des Kindes
	C6	Die Rahmenbedingungen einer Situation
	C7	Das Besondere
	C8	Das Handlungsziel
	C9	Handlungsalternativen
	C10	Nachspielen der Szene
Gemeinsam handeln	C11	Die eigene Kita erkunden
	C12	Wir finden Lösungen für unsere Kita
	C13	Behutsam ansprechen
	C14	Galant herausholen
	C15	Verhaltensampel für das Team
	C16	Leitlinien für eine Selbstmeldung erstellen
	C17	Leitlinien für den Umgang mit der Beobachtung eines verletzenden Verhaltens erstellen
	C18	Gemeinsam!

C1 Austausch über Gesprächsleitlinien

Worum geht's?

- Persönliche Leitlinien für den Austausch überprüfen und ergänzen
- Einen gemeinsamen Rahmen finden

Vorbereitung

Materialien	Sozialform	Zeit
• Gut sichtbar positionierte und bereits vorhandene Gesprächsleitlinien • Stifte • Karteikarten o.ä.	Teamarbeit	ca. 25 min

Ablauf

Bevor reale Situationen bearbeitet werden, sollte dem Team die Möglichkeit gegeben werden, über den gemeinsamen Austauschrahmen abzustimmen. An dieser Stelle können oder sollten bestehende Regeln des Austauschs, sei es die aus der ersten Phase (*A2 Rahmenkette für den Austausch*) oder aber bereits bestehende Kita-Leitlinien genutzt und – falls notwendig – erweitert werden. Positionieren Sie deshalb diese bestehenden Regeln gut sichtbar oder kopieren Sie diese für jedes Teammitglied.

Leiten Sie nun mit Ihren Worten in die nächste Phase ein. Würdigen Sie den bisherigen Verlauf und das Erreichte. Verweisen Sie auf die bestehenden Regeln, die den Austausch erleichtert oder ermöglicht haben. Die Frage ist, ob diese ausreichen, um den nächsten Schritt des Teamprozesses zu gehen:
»Überlegt euch, ob es Ergänzungen braucht, damit wir uns als Team über verletzendes Verhalten in unserer Einrichtung austauschen können! Schreibt diese Ergänzung auf die Karteikarte.«

Fügen Sie nun die Karteikarten an den passenden Stellen der bereits vorhandenen Regeln ein. Alternativ können auch die Teilnehmenden selbst ihre Karten an den jeweiligen Stellen positionieren. In dieser Phase soll kein weiterer Austausch stattfinden, sondern lediglich diese Ergänzungen zusammengetragen werden. Lassen Sie nun das Team überlegen und sich zu folgender Frage äußern:
»Welche Erweiterung finde ich sehr gut und gelungen?«

Bitten Sie nachfolgend um die Teameinschätzung:
»Ver- oder behindert eine dieser Erweiterungen unseren offenen und achtsamen Austausch?«

Im Falle der Ablehnung einer Erweiterung lassen Sie die verschiedenen Gründe benennen. Sie können dies auch visualisieren, indem die Pro-und-Contra-Argumente aufgeschrieben werden. Letztlich ist es wichtig, dass die Gruppe versteht, dass möglichst alle vorgeschlagenen Regeln mitgetragen werden müssen, wenn es Sicherheit im Austausch geben soll.

Varianten/Erweiterungen

Sie können vor der Teameinschätzung auch Kleingruppen bilden, die die Aufgabe bekommen, jede einzelne Regel und Erweiterung zu besprechen und sie nach Bedeutung bzw. Wichtigkeit zu sortieren. Vergleichen Sie dann die verschiedenen Priorisierungen und kommen über die obersten (Wichtigsten) und die untersten (Unwichtigsten) ins Gespräch.

Hinweis

Wenn Sie keinen Austausch über die Gesprächsleitlinie wünschen, können Sie alternativ die Methode ***C2 Gesprächsleitlinien priorisieren*** *nutzen.*

C2 Gesprächsleitlinien priorisieren

Worum geht's?

- Persönliche Leitlinien für den weiteren Teamaustausch abstimmen
- Wichtigkeit bestimmter Regeln für die Gruppe erfassen

Vorbereitung

Materialien	Sozialform	Zeit
• Auf Karten übertragene und sichtbar positionierte Gesprächsleitlinien • Stifte, Karteikarten o.ä. • Klebepunkte	Teamarbeit	ca. 15 min

Ablauf

Bevor reale Situationen bearbeitet werden, sollte dem Team die Möglichkeit gegeben werden, über den gemeinsamen Austauschrahmen abzustimmen. An dieser Stelle können oder sollten bestehende Regeln des Austauschs, sei es die aus der ersten Phase (*A2 Rahmenkette für den Austausch*) oder aber bereits bestehende Kita-Leitlinien genutzt und – falls notwendig – erweitert werden.

Schreiben Sie jede Leitlinie auf eine separate Karte und positionieren Sie diese Regeln gut sichtbar untereinander. Leiten Sie nun mit Ihren Worten in die nächste Phase ein. Würdigen Sie den bisherigen Verlauf und das Erreichte. Verweisen Sie auf die bestehenden Regeln, die den Austausch erleichtert oder ermöglicht haben. Die Frage ist, ob diese ausreichen, um den nächsten Schritt des Teamprozesses zu gehen:
»Überlegt euch, ob es Ergänzungen braucht, damit wir uns als Team über verletzendes Verhalten in unserer Einrichtung austauschen können! Schreibt diese Ergänzung auf eine Karteikarte.«

Bringen Sie die Ergänzungen unter den bestehenden Leitlinien an. Alle Teammitglieder erhalten nun die Anzahl an Klebepunkten, wie es Leitlinien gibt. Nun dürfen sie den Regeln einen Punkt ankleben, denen sie (weiterhin) zustimmen. Es dürfen auch mehrere Punkte an eine Regel vergeben werden, wenn ihnen diese besonders wichtig ist.

Alle Regeln, die Punkte erhalten, werden für die gemeinsame Gesprächsleitlinie behalten. Wenn alle Teammitglieder ihre Punkte verteilt haben, können die Regeln nach Punkteanzahl sortiert und die nicht gepunkteten aussortiert werden.

Im Ergebnis wird nun von oben nach unten sichtbar, welches die bedeutendsten Austauschregeln für die Gruppe sind.

Zugleich hat aber auch die Regel mit nur einem Punkt ihre Berechtigung zu bleiben.

Varianten/Erweiterungen

Sie können die Leitlinien auf einer Flipchart befestigen und alle Teammitglieder zur Bestätigung der Gesprächsleitlinien unterschreiben lassen. Erstellen Sie ein Foto als Dokument. Oder übertragen Sie die Leitlinien in ein Dokument, welches Sie dann unterschreiben lassen. Hierdurch werden die verabredeten Regeln verbindlicher.

Hinweis

Je größer die Gruppe, desto weniger Klebepunkte müssen Sie vergeben (z.B. nur die Hälfte der Anzahl der Leitlinien). Wenn Sie lieber einen Austausch über die Regeln wünschen, können Sie auch die Methode ***C1 Austausch über Gesprächsleitlinien*** *anwenden.*

C3 Anonymisierte Szenen für das Team sammeln

Worum geht's?

- Sich mit Situationen des eigenen verletzenden Verhaltens auseinandersetzen
- Einen Fundus an realen, aber anonymisierten Situationen des eigenen verletzenden Verhaltens bilden

Vorbereitung

Materialien	Sozialform	Zeit
• Laptop/Drucker oder • Zettel und Stifte	Einzelarbeit	ca. 30 min

Ablauf

Diese Methode ist hilfreich, um sich Situationen, die in der Einrichtung geschehen sind, auf behutsame Art zu nähern.

Fordern Sie die Teammitglieder auf, eine Szene, in welcher sie verletzend agiert haben, so aufzuschreiben, dass keine Rückschlüsse auf das Kind möglich sind. Außerdem dürfen auch das eigene Verhalten sowie Zeit und Ort verändert (abgemildert) werden. Weisen Sie darauf hin, dass eine detaillierte Darstellung sehr wichtig ist. Deshalb darf die Beschreibung der Szenen sehr ausführlich sein und Hinweise dazu enthalten, was zuvor geschah, wer anwesend war, wann sie stattfand und ob es besondere Umstände gab. Die daraus entstehende Szene kommt in eine Lostrommel oder in eine Schachtel.

Wenn möglich, sollten die Teammitglieder die Szene nicht handschriftlich festhalten, sondern auf Rechnern. Die Szenen können so weniger einer Person zugeordnet und auch ausgedruckt werden. Der Vorteil dieser Vorgehensweise ist, dass sich auch diejenigen eher dazu bereit sind, die sich noch nicht ganz öffnen können. Im Schutz der anonymisierten Szene ist es dennoch möglich und wirksam, sich einer Bearbeitung zu stellen.

Varianten/Erweiterungen

Diese Einzelarbeit könnte auch als Aufgabe im Homeoffice erfolgen. Setzen Sie einen terminierten Abgabezeitpunkt, der möglichst zeitnah an der Aufgabe liegt. Die Szenen können dann mit den Methoden *C5 – C10* bearbeitet werden.

Hinweis

Diese Methode dient nicht nur als letzte Schutzzone der Fachkräfte, sondern vor allem dafür, dass die Aspekte des verletzenden Verhaltens sowie die daran beteiligten Personen neutraler und sachlicher betrachtet werden können. Eigene Erlebnisse und Erfahrungen mit Kindern können die Einschätzungen der Fachkräfte ansonsten auch beeinflussen. Manchmal führt das zu eingeschränkten Lösungen bis hin zu Zuschreibungen einer Mitschuld des Kindes. Deshalb sollten auch diejenigen, die sich zutrauen würden, die Situation tatsächlich zu benennen, dazu aufgefordert werden, zu anonymisieren. Die originalen Szenen eigenen verletzenden Verhaltens werden mit bei der Methode ***C4 Reale Szenen sammeln*** *erstellt.*

C4 Reale Szenen sammeln

Worum geht's?

- Sich mit Situationen des eigenen verletzenden Verhaltens auseinandersetzen
- Einen Fundus an realen Situationen des eigenen verletzenden Verhaltens bilden

Vorbereitung

Materialien	Sozialform	Zeit
• Zettel und Stifte • Schachtel, Kiste, Lostrommel etc.	Einzelarbeit	ca. 15 min

Ablauf

Fordern Sie die Teammitglieder auf, eine oder mehrere Szenen, in welcher sie verletzend agiert haben, aufzuschreiben. Es sollte sich um Szenen handeln, die man gern behandelt haben möchte und denen man sich stellen will.

Hilfreich ist es, wenn die Szenen möglichst detailliert dargestellt werden, so dass andere die Umstände der Situation nachvollziehen können. Jede Szene wird auf einem separaten Papier notiert.

Die fertig erstellten Szenen kommen in eine Lostrommel bzw. Schachtel und werden im weiteren Bearbeitungsverlauf wieder entnommen.

Varianten/Erweiterungen

Sie können anregen, dass eine bis drei Fragen unter der Szene notiert werden, die man gern behandelt hätte. Die Fachkräfte können dann für sich bewerten, ob die Bearbeitung ihre Fragen gelöst hat.

Hinweis

*Mit den Methoden **C5 – C10** werden die Szenen sodann bearbeitet. Weisen Sie darauf hin, dass eine detaillierte Darstellung sehr wichtig ist. Deshalb sollte die Beschreibung der Szenen sehr ausführlich sein und Hinweise dazu enthalten, was zuvor geschah, wer anwesend war, wann sie stattfand und ob es besondere Umstände gab.*

C5 Perspektive des Kindes

Worum geht's?

- Situationen des eigenen verletzenden Verhaltens bearbeiten
- Szenen aus Sicht des Kindes darstellen und sich einfühlen

Vorbereitung

Materialien	Sozialform	Zeit
• Zettel und Stifte	Teamarbeit	ca. 30 min

Ablauf

Nach der Auswahl einer Szene wird diese in der Runde vorgelesen. Stellen Sie nun die Perspektive des Kindes in den Vordergrund und fragen Sie z.B.:
»Versucht euch in seine Situation hineinzudenken und hineinzufühlen. Was genau hat das Kind gesehen, gehört, gefühlt, gedacht ...?«

Geben Sie dem Team hierfür zwei oder drei Minuten Zeit. Bitten Sie dann darum, Folgendes aufzuschreiben:
»Beschreibt diese Szene aus der Perspektive des Kindes. Markiert den Punkt, an welchem sich das Kind verletzt gefühlt hat. Gibt es einen für das Kind überraschenden Punkt, etwas, womit es nicht gerechnet hat? Markiert auch diese Stelle.«

Lassen Sie nun verschiedene Überlegungen zur Perspektive des Kindes vorlesen, einschließlich der markierten Verletzung. In dieser Phase braucht es keine Rückmeldungen. Wichtig ist nur, sich in das Kind und seine möglichen Wahrnehmungen hineinzuversetzen. Gehen Sie anschließend auf das eventuelle Überraschende ein und fragen Sie danach. Lassen Sie die Ideen hierzu zusammentragen und diskutieren Sie darüber, ob dies Auswirkungen auf die nachfolgende Szene hatte.

Führen Sie die Diskussion weiter und fragen:

- Was können wir aus der Perspektive des Kindes lernen?
- Was nehmen wir mit für zukünftige Situationen?

Bitten Sie am Ende um die Einschätzung:

- Was hat das Kind in der Situation gebraucht?
- Was hätte es sich gewünscht?

Das soll abschließend unterhalb der Perspektive des Kindes notiert werden.

Je nachdem, ob es sich um die Bearbeitung einer realen oder anonymisierten Szene handelt, werden die erstellten Perspektiven entweder der FallgeberIn überreicht oder in einem Ordner abgeheftet. Auf diesen Ordner kann das Team zugreifen.

Varianten/Erweiterungen

Es ist ebenfalls möglich, dass Sie die Perspektivdarstellungen in Kleinteams durchführen lassen. Hierdurch werden insgesamt mehrere Überlegungen zu unterschiedlichen Perspektiven vorgetragen. Gerade bei größeren Gruppen kann das von Vorteil sein, weil hierdurch auch die schweigsameren Teammitglieder involviert werden. Um eine bessere Übersicht zu bekommen, können Sie kurz vor Ende anregen, dass vor der Übergabe oder dem Abheften der Perspektiven eine Schlagzeile für die Szene gefunden wird, die dann über der Szene und den Perspektiven notiert wird.

Hinweis

Gerade wenn Szenen sehr berühren, ist es schwierig, bei der Betrachtung einer Perspektive zu bleiben. Achten Sie daher darauf, dass Sie methodisch vorgehen und immer nur eine bestimmte Perspektive fokussieren, um mehr Tiefe zu erhalten. Wie viele Methoden ***(C5 – C10)*** *Sie hintereinander durchführen, ist eine andere Frage, die sich an Zeit, Gruppengröße und Möglichkeiten orientieren wird.*

C6 Die Rahmenbedingungen einer Situation

Worum geht's?

- Situationen des eigenen verletzenden Verhaltens bearbeiten
- Ungünstige Rahmenbedingungen und unterstützende Maßnahmen ermitteln

Vorbereitung

Materialien	Sozialform	Zeit
• Plakate • Moderationskarten • Stifte	Teamarbeit, ggf. Kleingruppenarbeit	ca. 30 min

Ablauf

Nach der Auswahl einer Szene wird diese in der Runde vorgelesen. Fragen Sie, ob es in dieser Szene Faktoren (unabhängig von der verletzenden Person) gibt, die das verletzende Verhalten begünstigt haben. Diese Faktoren sollen jeweils einzeln auf einer Moderationskarte notiert werden. Lassen Sie nachfolgend die Karten vortragen und begründen.

Führen Sie nun nacheinander eine Diskussion über die einzelnen Faktoren, indem Sie nach Pro- und Contra-Argumenten fragen. Halten Sie diese auf einer Flipchart fest.

Das Ziel ist nicht, zu einer einvernehmlichen Einschätzung der Rahmenbedingungen zu kommen. Vielmehr sollte für jeden Faktor überlegt werden, was das Team oder die Leitung tun könnten, wenn diese Faktoren eintreten.

Notieren Sie deshalb unter jeder Pro-und-Contra-Tabelle ca. drei Maßnahmen, die vom Team oder Leitung gesteuert werden können. Hierzu gehören z.B.:

- rechtzeitig Bescheid, Rückmeldung, Hinweise geben
- achtsam für Überforderungssignale sein
- proaktiv Hilfe anbieten
- Hilfe einfordern
- Täglicher Situationscheck
- etc.

Die so ermittelten Perspektiven sollten nachfolgend in einen bestehendem Ablaufplan oder einer Team-Infotafel überführt werden, damit sie möglichst täglich sichtbar sind.

Varianten/Erweiterungen

Alternativ können Sie Kleingruppen bilden, die sich mit einem Faktor auf einem Pro-und-Contra-Plakat befassen. Bei Rückkehr in das Gesamtteam können Sie dann mit diesen Ergebnissen weiterarbeiten. Gerade bei größeren Gruppen kann das von Vorteil sein, weil hierdurch auch die schweigsameren Teammitglieder involviert werden.

Hinweis

Ermittelte Lösungsansätze verschwinden schnell in der realen Schublade, wenn sie nicht täglich sichtbar sind. Es ist deshalb wichtig, dass die Ergebnisse wirkungsvoll in den Alltag integriert werden. Wie viele der Methoden ***(C5 – C10)*** *Sie hintereinander bearbeiten, ist eine andere Frage, die sich an Zeit, Gruppengröße und Möglichkeiten orientieren wird.*

C7 Das Besondere

Worum geht's?

- Situationen des eigenen verletzenden Verhaltens bearbeiten
- Besonderheiten und unterstützende Maßnahmen ermitteln

Vorbereitung

Materialien	Sozialform	Zeit
• Plakate • Moderationskarten • Stifte	Teamarbeit, ggf. Kleingruppenarbeit	ca. 30 min

Ablauf

Nach der Auswahl einer Szene wird diese in der Runde vorgelesen. Stellen Sie nun die Frage, was das Überraschende, das Besondere an dieser Situation ist.
»Bildet einen Satz mit: Ich bin verwundert bzw. überrascht, dass ...«

Lassen Sie die Teilnehmenden diesen Satz auf einer Moderationskarte notieren. Nacheinander werden die Sätze vortragen und begründet. Befestigen Sie dann die Karte auf einem Plakat oder an der Wand. Gehen Sie davon aus, dass es sich um Sätze unterschiedlichster Art handelt, z.B.:

- ... es an dem Tag passiert ist.
- ... es bei diesem Personalstand nicht früher passiert ist.
- ... es draußen und nicht drinnen passiert ist.
- ... das Kind gelacht hat.
- ... die Fachkraft so laut wurde, obwohl doch eigentlich gar nichts war.
- ...

Bedenken Sie hierbei: Jeder Satz trägt einen individuellen Blick auf das Geschehen in sich. Manches wird weniger überraschend sein, so dass Sie es im unteren Bereich oder an der Seite des Plakats bzw. der Wand postieren können. Anderes wiederum, bei dem man selbst überrascht ist, kann ein Hinweis auf ein spannendes Element sein. Dieses sollte weiter ergründet und deshalb von Ihnen in der Mitte positioniert werden. Geben Sie anschließend jeweils einen dieser als spannend identifizierten Sätze an ein Kleinteam, welchem ebenfalls die Person angehört, die den Satz notiert hat. Aufgabe der Kleinteams (3 bis 5 Personen) ist es, diese Besonderheit anhand weiterer Fragen zu ergründen:

Kann es sein, dass ...

- ... hier ein Fehler bzw. eine Lücke im System vorliegt?
- ... sich etwas verändert hat, das wir vorher nicht gesehen haben?
- ... unser Raum oder Material Ursache für die Besonderheit ist?

- ... es funktionierende Systeme gibt, die wir als solche bislang nicht wahrgenommen haben?
- ... es bei uns unbekannte Schutzmechanismen gibt?
- ... hier verschiedene Aspekte ungünstig oder günstig zusammenliefen? Welche sind das?
- ...

Die Kleinteams geben in der Gesamtgruppe abschließend einen Einblick in ihre Überlegungen. Halten Sie fest, was Ihrer Einschätzung nach von besonderem Wert ist. Sofern Sie nicht die Leitung sind, übergeben Sie diese ermittelten Besonderheiten zur weiteren Bearbeitung an die Leitung.

Varianten/Erweiterungen

Sie können auch im Gesamtteam die Besonderheiten der Sätze ergründen. Gerade bei kleineren Gruppen bietet sich dies an, um alle Überlegungen mitzunehmen.

Hinweis

Es handelt sich hierbei um eine Methode, die viel Flexibilität von Ihnen erfordert, da Sie nicht wissen, was an Ergebnissen kommen wird. Lassen Sie sich überraschen!

C8 Das Handlungsziel

Worum geht's?

- Situationen des eigenen verletzenden Verhaltens bearbeiten
- Zielbestimmungen und Zielprioritäten erarbeiten

Vorbereitung

Materialien	Sozialform	Zeit
• Plakate mit der Aufschrift: »Was waren die Handlungsziele der Fachkraft?« • Klebepunkte oder farbige Stifte	Teamarbeit, ggf. Kleingruppenarbeit	ca. 30-40 min

Ablauf

Nach der Auswahl einer Szene wird diese in der Runde vorgelesen. Werfen Sie mit dem Team einen Blick darauf, was die Ziele der Fachkraft in der Situation waren. Fordern Sie hierzu das Team auf, spontan auf die Plakate zu schreiben:
»Was waren die Handlungsziele der Fachkraft?«

Dabei sollen auch kleine Ziele aufgeschrieben werden, die durch die Szene wahrgenommen werden. Sie müssen sich demnach nicht auf das verletzte Kind beziehen. Lassen Sie nachfolgend alle Ziele betrachten und bitten Sie dann:
»Setzt dort einen roten Punkt (per Stift oder Klebepunkt), welches eurer Einschätzung nach das leitende Ziel war.«

Als Nächstes erfolgt die Bitte:
»Setzt an die Ziele blaue Punkte, die in der Situation erreicht wurden.«

Die letzte Punkteabgabe soll in grün visualisieren, welches der Ziele das – nach eigener Einschätzung – wichtigste in der Situation war.

Führen Sie eine Diskussion über diese Ziele. Geben Sie dabei zu bedenken, dass diese Ziele nicht immer und vor allem nicht alle präsent sind.

- Was wäre wichtig, um sich diese Ziele vor Augen zu führen?
- Woher kommt es, dass das leitende Ziel nicht unbedingt das wichtigste Ziel darstellt?
- Oder umgekehrt: Was hindert uns daran, das wichtigste Ziel zum leitenden Ziel zu machen bzw. was lässt es uns verlieren?
- Wie wichtig ist es, dass wir uns die Erreichung der Ziele vor Augen führen?
- Sind wir bereit, uns von KollegInnen in Situationen zu unserem Leitziel befragen zu lassen?
- Wann fällt es uns schwer, von einem Ziel zu lassen?
- ...

Der Austausch soll dazu dienen, herauszufinden, was die Fachkräfte leitet, ein Ziel erreichen zu wollen. Die Einschätzung und Beurteilung eines Ziels in einer bestimmten Situation sollte die SzenengeberIn selbst leisten. Wenn es sich um eine reale Szene handelt, dann bitten Sie die Person zum Schluss, sich hinsichtlich ihrer Handlungsziele in der Situation abschließend zu äußern.

Varianten/Erweiterungen

Sie können von Beginn an in Kleingruppen von 6 bis 8 Personen arbeiten. Hierzu müssen Sie lediglich die Vorbereitungen treffen, um eine selbstständige Bearbeitung zu ermöglichen. Lassen Sie nach einer Bearbeitungszeit alle Gruppen zusammenkommen, um in einen gemeinsamen Austausch zu führen und enden Sie mit der Selbstreflexion der Szenen gebenden Person.

C9 Handlungsalternativen

Worum geht's?

- Situationen des eigenen verletzenden Verhaltens bearbeiten
- Handlungsmöglichkeiten und Lösungen finden

Vorbereitung

Materialien	Sozialform	Zeit
• Moderationskarten evtl. Plakat • Stifte.	Teamarbeit, ggf. Kleingruppenarbeit	ca. 30-40 min

Ablauf

Nach der Auswahl einer Szene wird diese in der Runde vorgelesen. Legen Sie dar, dass wir oft in Situationen gefangen sind und uns der Weitblick fehlt. Manchmal fehlt die Distanz, um Handlungsalternativen zu finden. Bitten Sie in einem ersten Schritt die Teammitglieder darum, dass sie äußern:
»Welche Handlungsmöglichkeiten hätte die Fachkraft noch gehabt«?

Notieren Sie diese auf Moderationskarten. Sofern es sich um eine reale Situation handelt, übergeben Sie der FallgeberIn die Karten. Sie kann sich nun zu jeder Karte äußern, z.B.

- Ob sie das auch angedacht hatte, aber ...
- Es nicht möglich war, wie ...
- Sie nicht die Kraft hatte ...
- Dass diese Idee gut ist ...

Sollte eine anonymisierte Szene bearbeitet werden, lassen Sie die Teammitglieder anhand jeder Karte überlegen, warum die Fachkraft eventuell nicht so gehandelt hat.

Führen Sie nun aus, dass Menschen manchmal Handlungsalternativen gegenüber eher verschlossen sind, weil sie sich Neuem noch schwer öffnen können. Lösungen anderer sind nicht unbedingt die eigene Lösung, aber sie eröffnen die Möglichkeit, einen breiteren Horizont zu bekommen. Das kann helfen, den eigenen Handlungsspielraum zu erweitern.

Lassen Sie das Team nun auf ein oder zwei Plakate oder auch einzeln auf Moderationskarten Folgendes aufschreiben:
»Wenn ich die Fachkraft gewesen wäre, dann würde ich zukünftig ...«

Fragen Sie dann allgemein in die Runde, welche dieser Lösungen für andere attraktiv erscheinen. Lassen Sie auch Begründungen zu. Sofern es sich um eine reale Situation handelt, können Sie die Fachkraft fragen, ob sie sich zu diesen Lösungen äußern möchte.

Varianten/Erweiterungen

In geübten Teams können Sie diese Methode auch zeitgleich mithilfe mehrerer Szenen in Kleingruppen durchführen. Zu Beginn sollten Sie die Vorgehensweise erläutern. Bilden Sie dann um die jeweils fallgebende Person eine Kleingruppe (5 bis 6 Personen). Wenn Sie auf die Lösung einer gemeinschaftlichen Absprache hinarbeiten wollen, können Sie auch die Methode *C13 Behutsam ansprechen* oder *C14 Galant herausholen* nutzen.

Hinweis

Unter Lösung ist nicht zu verstehen, dass es sich hierbei um eine richtige Vorgehensweise handelt. Lösungsmöglichkeiten bedeuten auch, dass sich in den verletzenden Personen etwas löst, um hierdurch auf neue Wege und Handlungsspielräume zu erlangen.

C10 Nachspielen der Szene

Worum geht's?

- Situationen des eigenen verletzenden Verhaltens bearbeiten und nachspielen
- Einfühlen in das Kind und die anderen Beteiligte

Vorbereitung

Materialien	Sozialform	Zeit
• Ausgesuchte Szene • Evtl. Verkleidungsutensilien	Rollenspiel	ca. 30-45 min

Ablauf

Nach Auswahl einer Szene wird diese in der Runde vorgelesen. Lassen Sie nun Freiwillige die Rollen der darin enthaltenen Protagonisten einnehmen und die Szene nachspielen. Jeder sollte sich so gut wie möglich in die Person einfühlen.

Nach dem Rollenspiel befragen Sie nacheinander die einzelnen Protagonisten nach ihren Eindrücken, Gedanken, Wahrnehmungen und Gefühlen, z.B.:

- Wie ging es euch in der gespielten Situation? Was habt ihr gefühlt, gedacht ...?
- Hattest du einen anderen Impuls, der unterdrückt werden musste?
- Was war verletzend und warum?
- Gab es andere unangenehme Eindrücke?
- Was fehlte dir? Was brauchtest du eigentlich?

Befragen Sie das zuschauende Team:

- Was wurde von außen sichtbar bzw. spürbar?

Lassen Sie alle überlegen, welche Handlungsalternativen für zukünftige Situationen dieser Art realisierbar wären.

Bitten Sie am Ende darum, dass die Protagonisten ihre Rolle erneut einnehmen und eine Lösung, eine Entschuldigung oder einen Ausweg etc. finden. Fragen Sie auch nach diesem Akt die Teammitglieder nach Ihren Einschätzungen.

Varianten/Erweiterungen

Lassen Sie weitere Durchläufe mit einem jeweils anderen Ende spielen, sodass die Vielzahl der Varianten erlebt und gespürt wird. Sie können, anstatt die Szene vorzulesen, nur die Einzelrollen verteilen, sodass dem Team die Gesamtszene zunächst unbekannt bleibt.

Hinweis

Aktive Rollenspiele können auch stärkere Gefühle auslösen – sei es aufgrund biografischer Erlebnisse oder aktueller Ereignisse. Gerade die Person, die die Szene beschrieben hat, kann emotional stark betroffen sein. Deshalb sollte sie diese Szene nicht mitspielen.

C11 Die eigene Kita erkunden

Worum geht's?

- Abläufe, Räume, Situationen hinsichtlich einer Gefahr verletzendes Verhalten erkunden
- Orte und Situationen analysieren

Vorbereitung

Materialien	Sozialform	Zeit
• Gelbe Post-it-Zettel	Teamarbeit, ggf. Kleingruppenarbeit	ca. 30 min

Ablauf

Erläutern Sie zu Beginn, dass ungünstige Rahmenbedingungen die Gefahr eines verletzenden Verhaltens erhöhen. Ebenso stehen Schlüsselsituationen in der Krippe, wie Wickeln, Essen, Schlafenlegen, oft mit verletzendem Verhalten in Verbindung. Jede Einrichtung sollte für sich eine offene Analyse durchführen, um Gefährdungspunkte ausfindig zu machen. Hierzu zählen:

- Räume (z.B. zu groß und es wird mehr geschrien, so dass ein Anschreien nicht mehr unterscheidbar wird),
- Abläufe (z.B. zu wenig Zeit für An- und Ausziehen),
- Strukturen (z.B. zu wenig Personal im Frühdienst)
- Materialien (z.B., weil zu wenig vorhanden ist, kommt es öfter zu Regelverstößen, die die Nerven der Fachkräfte beanspruchen)
- Uhrzeiten (z.B. nachmittags häufiger)

Die Aufgabe lautet:
Geht zu zweit mit offenen Augen durch die Einrichtung.

- Wo gibt es häufiger kritische Situationen?
- Wo wird mehr geschrien, liegen mehr Nerven blank, werden Kindern umgelaufen etc.?
- Wann und wo zeigen sich eher verletzende Verhaltensweisen?

Bitte klebt dorthin einen Zettel mit euren Namen.

Geben Sie für diese PartnerInnenarbeit je nach Einrichtungsgröße 20 bis 30 Minuten Zeit. Gehen Sie nachfolgend mit allen Teammitgliedern durch die Einrichtung und lassen jeden Zettel erklären. Dort, wo sich Häufungen zeigen (Zustimmung erfolgt), nehmen Sie den Zettel und halten auf diesem das Wesentliche (insbesondere mögliche Gründe) fest.

Kleben Sie die Zettel abschließend untereinander auf ein großes Papier und fordern Sie dazu auf, dass in der nächsten Zeit (z.B. zwei Wochen) diese Punkte beobachtet werden und Auffallendes dort notiert wird. In einer nächsten Einheit folgt dann die Bearbeitung der kritischen Punkte.

Varianten/Erweiterungen

Sollten Sie in einer großen Einrichtung tätig sein, können Sie auch eine Teilung der Örtlichkeit vornehmen und die Methode an zwei Orten durchführen.

Hinweis

Das Laufen durch die Einrichtung in dieser Methode hilft, um Gedanken zu lockern und auf neue Ideen zu kommen. Sollten Sie an dem Tag Zeit haben, schließen Sie direkt die Methode ***C12 Wir finden Lösungen für unsere Kita*** *an.*

C12 Wir finden Lösungen für unsere Kita

Worum geht's?

- Gemeinsam brainstormen
- Lösungsansätze für kritische Punkte finden

Vorbereitung

Materialien	Sozialform	Zeit
• Ergebnisplakat aus der Methode *C11 Die eigene Kita erkunden* • Plakate	Kleingruppenarbeit	ca. 30 min

Ablauf

Nehmen Sie das Plakat mit den ermittelten kritischen Punkten und erfragen bzw. beschreiben Sie den aktuellen Stand. Bilden Sie Kleingruppen von 5 Personen und geben jeder Gruppe einen kritischen Punkt, den Sie auf ein Plakat heften. Es gilt nun, Lösungen für diese Punkte zu finden. Weil das durchaus schwierig sein kann, braucht es viele Ideen, damit aus der Fülle etwas Passendes gefunden werden kann. Die Aufgabe für die Kleingruppen lautet:
»Artikuliert jede Idee, die ihr habt. Traut euch alles einzubringen und bewertet die Ideen vorab nicht. Es darf nichts Negatives gesagt oder gezeigt werden. Schreibt alles auf.«

Lassen Sie die Ergebnisse präsentieren und loten Sie aus, ob eine Lösung gefunden ist bzw. wie viele (Teil-)Lösungen dabei sind. Übergeben Sie den kritischen Punkt in die Hände der Personen, die die Lösung umsetzen wollen. Arbeiten Sie weitere kritische Punkte nach demselben System ab.

Varianten/Erweiterungen

Sie können auch das Brainwalking nutzen. Hängen Sie hierfür alle kritischen Punkte auf Einzelplakaten aus und fordern Sie die Gruppe auf, schweigend ihre Ideen auf den Plakaten niederzuschreiben. Der Vorteil dieser Methode ist, dass sich erstens alle beteiligen und zweitens alle kritischen Punkte gleichzeitig bearbeitet werden. Nachteil ist, dass dabei weniger Gruppendynamik erzeugt wird.

Hinweis

Es wird an Ihrer Führung liegen, wie viele Ideen erzeugt werden. Brainstorming ist nur dann effektiv, wenn frei und offen gedacht werden kann, ohne dass eine Wertung erfolgt. Versuchen Sie diese Haltung weiterzugeben. Natürlich können Sie auch ohne Kleingruppenbildung arbeiten und die Methode selbst durchführen.

C13 Behutsam ansprechen

Worum geht's?

- Gemeinsam brainstormen
- Ein Codewort als Hinweis für sich zuspitzende Situationen entwickeln

Vorbereitung

Materialien	Sozialform	Zeit
• Flipchart • Stifte	Teamarbeit	ca. 20 min

Ablauf

Erläutern Sie, dass in Situationen, die als stressig wahrgenommen werden, die Gabe sinkt, sich von anderen etwas mitteilen zu lassen. Anders ausgedrückt: Sind wir aufgebracht, bringt uns Vieles nicht runter (auf den Boden), sondern im Gegenteil sogar an die Decke. Bitten Sie die Teammitglieder, dass sie an eine nervenaufreibende Situation denken sollen und fragen in die Runde:
»Was müsste nun eure KollegIn sagen, damit ihr an die Decke geht?«

Halten Sie jeden Beitrag untereinander auf einer Flipchart fest. Ermutigen Sie zu weiteren, vielleicht auch verrückten Ideen. Es darf gelacht werden, denn diese Methode zielt darauf ab, dass eine Leichtigkeit entsteht. Im Ergebnis werden Sie eine Sammlung haben, die sehr genau aufzeigt, was unwirksam bzw. sehr schlecht wäre. Wahrscheinlich befindet sich hierunter Aussagen wie z.B.:

- Beruhig dich doch.
- Sag mal, hast du deine ...
- Bist du mir dem falschen Fuß aufgestanden?
- Spinnst du?

Führen Sie weiter aus, dass es oft nur eine Kleinigkeit sind, um uns darauf hinzuweisen, dass wir gerade ein wenig überdrehen könnten. Es ist der nett gemeinte Hinweis: Halte mal kurz inne. Denk noch einmal nach. Bitten Sie das Team, ein Signalwort zu finden, das die Fachkräfte innehalten lässt:
»Wie könnte ein solches Signalwort in unserer Einrichtung lauten?«

Sammeln Sie die Ideen in Form einer Visualisierung (Plakat, oder Moderationskarten). Tauschen Sie sich aus: Was ist für wen akzeptabel und was unauffällig? Sie werden, wenn reichlich Ideen fließen, auf unverdächtige Signalwörter stoßen, mithilfe derer eine KollegIn auf ein Überdrehen aufmerksam gemacht werden kann:

- »Bisamratte!«
- »Rumpelstilzchen!«

- »Zäterätä!«
- »Kanarienvogel!« (in Anspielung auf die gelbe Karte)
- ...

Lassen Sie das Team darüber debattieren und abstimmen, welches Signalwort die meiste Zustimmung findet. Dieses sollte in der kommenden Zeit öfter unvermittelt angewandt werden, damit es verstanden und akzeptiert wird.

Varianten/Erweiterungen

Es lassen sich auch körperliche Signale nutzen, z.B. eine Hand auf die Schulter der aufgebrachten Fachkraft zu legen.

Hinweis

*Manchmal muss die aufgebrachte Person aus der Situation herausgebracht werden, indem sie den Raum verlässt. Dafür sollte es im Team ein Signal geben, das in der Methode **C14 Galant herausholen** aufgebaut wird.*

C14 Galant herausholen

Worum geht's?

- Gemeinsam brainstormen
- Ein Codewort zum Rausgehen aus einer Situation verabreden

Vorbereitung

Materialien	Sozialform	Zeit
• Flipchart oder Moderationskarten • Stifte	Teamarbeit	ca. 30 min

Ablauf

Erläutern Sie, dass in Situationen, die als stressig wahrgenommen werden, die Gabe sinkt, sich von anderen etwas mitteilen zu lassen. Anders ausgedrückt: Sind wir aufgebracht, bringt uns Vieles nicht runter (auf den Boden), sondern im Gegenteil sogar an die Decke. Bitten Sie die Teammitglieder, dass sie an eine nervenaufreibende Situation denken sollen, und fragen Sie in der Runde:

- Wie lasst ihr euch herunterbringen?
- Was hilft euch in stressigen Situationen von anderen?
- Was braucht ihr von einer KollegIn, um euch zu beruhigen?
- ...

Führen Sie ein Gespräch über die Optionen, über Ähnlichkeiten oder Besonderheiten. Versuchen Sie alle zu beteiligen. Leiten Sie dann über in die nächste Runde: Für unsere Profession und den pädagogischen Alltag ist es von großer Bedeutung, dass wir möglichst schnell aus einer Situation herausgehen, bei der ein verletzendes Verhalten unsererseits ankündigt. Wenn die eigene Regulation Gefahr läuft zu versagen, braucht es KollegInnen, die die betreffende Person aus der Situation herausbringen. Eine Fachkraft formulierte das so: »Galant aus der Situation ziehen, möglichst ohne zu beschämen.«

- Wie kann für euch ein galantes Verhalten aussehen?
- Was stellt ihr euch darunter vor?
- Was könnte etabliert werden, das Allgemeingültigkeit hat? Das von allen als Signal zum Herausbringen aus der Situation akzeptiert wird?

Sammeln Sie Ideen in Form einer Visualisierung (Plakat, oder Moderationskarten). Tauschen Sie sich aus: Was ist für wen akzeptabel und unauffällig? Sie werden, wenn die Ideen reichlich fließen, auf behutsame Signale stoßen, z.B.:

- Du kannst jetzt zur Toilette.
- Du kannst jetzt in Pause gehen.

- Du sollst mal eben schnell die QM-Beauftragte anrufen!
- Telefon für dich!
- ...

Lassen Sie das Team darüber debattieren und abstimmen, welches Signal die meiste Zustimmung erfährt. Das Signal sollte in der kommenden Zeit öfter und unvermittelt angewandt werden, damit es verstanden und akzeptiert wird.

Hinweis

Nicht immer muss die verletzende Person aus dem Raum gebracht werden. Manchmal genügt auch ein Hinweis, wie in Methode ***C13 Behutsam ansprechen*** *gezeigt wird.*

C15 Verhaltensampel für das Team

Worum geht's?

- Eine Verhaltensampel gemeinsam erstellen
- Die Verhaltensampel in die Konzeption und oder das QM-Handbuch integrieren

Vorbereitung

Materialien	Sozialform	Zeit
• Je Kleingruppe zehn unbeschriebene DIN-A4-Blätter • Stifte	Kleingruppenarbeit und Gruppenabstimmung	ca. 30 min

Ablauf

Um zukünftig ein tragfähiges System der Zuordnung von Verhaltensweisen zu bekommen, hat sich ein Ampelsystem etabliert. Dieses zeigt mit den drei Farben Verhaltensweisen an:

- Grün: die notwendig, weil pädagogisch richtig sind, aber vielleicht auch verletzend sein können,
- Gelb: die zweifelhaft, weil pädagogisch kritisch sind und vom Team beobachtet und beurteilt werden müssen,
- Rot: die absolut falsch sind und zur Anzeige (LVA/JA/Polizei) gebracht werden müssen.

Erläutern Sie dem Team die Unterscheidung im Ampelsystem, hängen Sie drei entsprechend farblich markierte Plakate auf und verteilen Sie weiße Moderationskarten. Auf diese sollen nun verletzende Verhaltensweisen notiert und auf den jeweiligen Plakaten angebracht werden. Geben Sie dem Team ca. 15 Minuten Zeit. Kommen Sie über die Ergebnisse ins Gespräch:

- Stimmen die Zuordnungen für alle oder müssen wir über einzelne Punkte diskutieren?
- Fehlen wichtige Beschreibungen verletzenden Verhaltens?

Erstellen Sie oder lassen Sie nachfolgend von einer Person eine Übersicht erstellen, die diese Bearbeitung dokumentiert und entsprechend farblich hinterlegt. So ist das Ergebnis für jedes Teammitglied als Dokument bzw. Schaubild verfügbar.

Varianten/Erweiterungen

Sie können auch bestehende Verhaltensampeln als Basis wählen und diese entsprechend verändern oder erweitern. Überführen Sie Ihr Schaubild in das Konzept oder das QM-Handbuch Ihres Trägers.

Hinweis

Sie können natürlich auch eine Verhaltensampel übernehmen (siehe S. 140). Eine gemeinsame Erarbeitung fördert jedoch die Akzeptanz und das Wir-Gefühl des Teams.

C16 Leitlinien für eine Selbstmeldung erstellen

Worum geht's?

- Eine Leitlinie zum Umgang mit eigenem verletzendem Verhalten erstellen
- Eine Ablauftabelle gemeinsam entwickeln

Vorbereitung

Materialien	Sozialform	Zeit
• Je Kleingruppe zehn unbeschriebene DIN-A4-Blätter • Stifte	Kleingruppenarbeit und Gruppen-abstimmung	ca. 45 min

Ablauf

Würdigen Sie den bislang gegangenen Weg. Stellen Sie das Erreichte und das Gemeinsame ebenso wie den Mut und die Offenheit aller Teammitglieder in den Vordergrund. Mit Blick auf die Zukunft braucht es eine gemeinsame Abstimmung darüber, wie damit umgegangen wird, wenn eine Fachkraft sich verletzend verhalten hat.

Die Leitung muss über Situationen von verletzendem Verhalten informiert werden. Wichtiger jedoch ist, dass das Vertrauen in einen achtsamen Umgang sich in einer Leitlinie niederschlägt. Von besonderer Bedeutung ist dabei, dass mit einer solchen Leitlinie den Kindern Schutz und Rechte gegeben werden.

Bilden Sie Kleingruppen von 3 bis 4 Personen und geben Sie jeder Gruppe zehn nummerierte Blätter. Die Aufgabe lautet:
»Notiert die Schritte, die nach einem verletzenden Verhalten in der Einrichtung erfolgen müssen. Beginnt mit der Fachkraft und geht dann auch auf die Leitung und den Träger ein. Beschreibt je Schritt, was wer wann und wie tun, sagen, einleiten oder dokumentieren sollte.«

Geben Sie den Kleingruppen 20 bis 30 Minuten Zeit. Wenn alle wieder zusammengekommen, werden die jeweils beschriebenen Abläufe als Wege ausgelegt, sodass alle einsehen können, was die Vorschläge sind. Tauschen Sie sich gegenseitig über die Schritte aus, verschieben oder ergänzen Sie sie mit dem Team und bilden auf diese Art drei Vorgehensweisen bzw. Abläufe heraus. Über diese sollte im Anschluss abgestimmt werden.

Ziel ist es, eine von allen Teammitgliedern akzeptierte Leitlinie zu erstellen, die dafür sorgt, dass verletzendes Verhalten von der verletzenden Person selbst mitgeteilt werden muss.

Varianten/Erweiterungen

Ist das Team mit Flussdiagrammen vertraut, kann ein solches eingesetzt werden. Je nach Teamgröße ist es hilfreich, erneut die Kleingruppen über die drei ausgewählten Leitlinienoptionen beraten zu lassen.

Hinweis

Durch diesen aktiven und selbstverantwortlichen Akt wird sowohl das Schutzkonzept für Kinder aufgestellt, als auch eine Kultur der Offenheit und des Vertrauens gestärkt. Hierfür ist es notwendig, dass die Leitlinie bei allen Festlegungen Handlungsoptionen offenlässt (z.B.: Wem teilt die verletzende Person ihr Verhalten zuerst mit?).

C17 Leitlinien für den Umgang mit der Beobachtung eines verletzenden Verhaltens erstellen

Worum geht's?

- Eine Leitlinie zum Umgang mit der Beobachtung eines verletzenden Verhaltens erstellen
- Eine Ablauftabelle gemeinsam entwickeln

Vorbereitung

Materialien	Sozialform	Zeit
• Je Kleingruppe zehn unbeschriebene DIN-A4-Blätter • Stifte	Kleingruppenarbeit und Gruppenabstimmung	ca. 45 min

Ablauf

Sofern Sie nicht bereits eine Leitlinie (siehe C16) erstellt haben, eröffnen Sie damit, indem Sie den bislang gegangenen Weg würdigen. Stellen Sie das Erreichte und das Gemeinsame ebenso wie den Mut und die Offenheit aller Teammitglieder in den Vordergrund. Mit Blick auf die Zukunft braucht es eine gemeinsame Abstimmung darüber, wie damit umgegangen wird, wenn eine Fachkraft sich verletzend verhalten hat.

Sicher ist ein Eingreifen in die Situation der beste Weg und mit den bereits erarbeiteten Methoden (siehe *C13 Behutsam ansprechen* und *C14 Galant herausholen*) auch praktisch möglich. Dennoch soll mit dieser Methode darüber nachgedacht und schriftlich fixiert werden, welche Vorgehensweisen möglich und auch notwendig sind.

Bilden Sie nun Kleingruppen von 3 bis 4 Personen und geben Sie jeder Gruppe zehn durchnummerierte Blätter mit. Die Aufgabe lautet:
»Gebt aufeinanderfolgende Schritte an, die bei der Beobachtung von verletzendem Verhalten erfolgen sollten. Beschreibt für jeden Schritt, was die beobachtende Person unternehmen kann oder soll und welche Formen möglich sind.«

Geben Sie den Kleingruppen 20 bis 30 Minuten Zeit. Wenn alle wieder zusammengekommen, werden die jeweils beschriebenen Abläufe als Wege ausgelegt, sodass alle einsehen können, was die Vorschläge sind. Tauschen Sie sich gegenseitig über die Schritte aus, verschieben oder ergänzen Sie sie mit dem Team und bilden auf diese Art drei Vor-gehensweisen bzw. Abläufe heraus. Über diese sollte im Anschluss abgestimmt werden.

Ziel ist es, dass eine von allen akzeptierte Leitlinie erstellt wird, die dafür sorgt, dass nicht weggeschaut, sondern gehandelt wird, wenn verletzendes Verhalten beobachtet wird – zum Schutz des Kindes, aber auch, um die verletzende Fachkraft vor weiterem Fehlverhalten zu bewahren.

Varianten/Erweiterungen

Ist das Team mit Flussdiagrammen vertraut, kann ein solches eingesetzt werden. Je nach Teamgröße ist es hilfreich, erneut die Kleingruppen über die drei ausgewählten Leitlinienoptionen beraten zu lassen.

Hinweis

Es ist hilfreich für alle Beteiligten, wenn die Handlungsoptionen verschriftlicht werden. So können auch neue Mitarbeitende direkt erkennen, dass ein Eingreifen in eine verletzende Situation als Hilfe und nicht als Affront gewertet wird.

C18 Gemeinsam!

Worum geht's?

- Ein Ziel gemeinsam erreichen und dies würdigen
- Ein gemeinsames Foto erstellen

Vorbereitung

Materialien	Sozialform	Zeit
• Kamera	Teamarbeit	ca. 20 min

Ablauf

Würdigen Sie zuerst das bislang Erreichte, z.B. welchen Weg Sie zurückgelegt haben, was erreicht wurde und wie sich die gemeinsame Teamkultur entwickelt hat. Dieses Gemeinsame soll nun seinen Ausdruck auf einem Foto finden. Bitten Sie das Team, Vorschläge zu machen:

- Wie können wir am besten auf einem Foto darstellen, dass wir zusammenstehen?
- Wie und wo müssen wir stehen, sitzen, liegen, springen etc., um eine Einheit zu signalisieren?
- Welches Symbol könnten wir nutzen, um unsere Stärke, unseren Zusammenhalt zu zeigen?
- Wie gelingt es uns, unsere Teamkultur der gegenseitigen Rückmeldung und Unterstützung, unsere Wertschätzung und Achtung, unsere positive Fehlerkultur darzustellen?

Ermuntern Sie zu kreativen Ideen, unterstützen Sie Kreativität, aktivieren Sie zu vielfältigen Probeaufnahmen.

Ziel ist es, dass ein gemeinschaftliches Werk entsteht, was auf einen Blick die gelebten Werte transportiert. Das Ergebnis lässt sich für viele Bereiche nutzen.

Varianten/Erweiterungen

Wenn Freude an der Aufgabe besteht, können Sie Einzelaspekte (z.B. Fehlerkultur) oder weitere Aufgaben stellen, z.B. »Was unsere pädagogische Arbeit ausmacht«, »Unser Bild vom Kind«, »So sehen wir Eltern«. Die Darstellungen ließen sich z.B. auch in einer Konzeption nutzen.

Hinweis

Diese Methode eignet sich natürlich sehr gut für den Abschluss. Aber auch zu Beginn oder während des Prozesses kann das eine gute Methode sein, um das Gemeinsame hervorzuheben oder für weitere Entwicklungen Mut zu machen.

4. Prävention verletzenden Verhaltens – rechtliche Rahmenbedingungen und Kinderschutz von Anfang an

In diesem Kapitel haben wir für Sie Hinweise und Informationen zusammengestellt, die gut dazu beitragen können, sich für die Prävention eines verletzenden Umgangs mit Kindern einzusetzen. Dabei betrachten wir wichtige Grundlagen zu Kinderrechten und Kinderschutz und stellen dar, wer in der Verantwortung steht, diese zu gewährleisten. Schließlich wird anhand von Beispielen erläutert, wie Kinderrechte und Kinderschutz auf konzeptioneller Ebene verankert werden können.

Kinderrechte und Kinderschutz

Kinder haben nach der Kinderrechtskonvention der Vereinten Nationen ein Recht auf Schutz vor Diskriminierung, Gewaltanwendung, Misshandlung und Verwahrlosung. Die Vertragsstaaten – und damit auch die Bundesrepublik Deutschland – verpflichten sich nach Artikel 19, Absatz 1, dazu, Maßnahmen zu ergreifen, die sichern sollen, dass »Kinder vor jeder Form körperlicher oder geistiger Gewaltanwendung, Schadenszufügung oder Misshandlung, vor Verwahrlosung oder Vernachlässigung, vor schlechter Behandlung oder Ausbeutung einschließlich des sexuellen Missbrauchs geschützt werden« (Unicef 2020 online). In der Kinderrechtskonvention werden Schutz-, Förder- und Beteiligungsrechte unterschieden.

Schutz-, Förder- und Beteiligungsrechte

Schutzrechte

- Recht auf Nicht-Diskriminierung (Artikel 2)
- Schutz der Privatsphäre und Ehre (Artikel 16)
- Schutz vor jeglicher Form körperlicher oder geistiger Gewaltanwendung, Misshandlung oder Vernachlässigung einschl. des sexuellen Missbrauchs (Artikel 19)

Förderrechte

- vorrangige Berücksichtigung des Kindeswohls (Artikel 3)
- Recht auf Leben und bestmögliche Entwicklung (Artikel 6)
- Recht auf Bildung (Artikel 28)
- Recht auf Ruhe, Freizeit, Spiel und Erholung (Artikel 31)

Beteiligungsrechte

- Recht auf Gehör und Berücksichtigung der Meinung des Kindes (Artikel 12)
- Recht auf freie Meinungsäußerung (Artikel 13)

Die UN-Kinderrechtskonvention ist am 5. April 1992 in Deutschland in Kraft getreten, jedoch bislang nicht in der Verfassung verankert. Das Bürgerliche Gesetzbuch sieht allerdings in § 1631 Absatz 2 das Recht von Kindern auf eine gewaltfreie Erziehung vor. Der Schutz von Kindern wurde mit dem Inkrafttreten des Bundeskinderschutzgesetzes im Jahr 2012 gestärkt. Das Gesetz zielt darauf, den präventiven und intervenierenden Kinder- und Jugendschutz zu verbessern, und zwar auch in Einrichtungen, die nach § 45 SGB VIII dem Erlaubnisvorbehalt unterliegen (vgl. Bundesarbeitsgemeinschaft Landesjugendämter 2013). Durch das Bundeskinderschutzgesetz werden die Aufgaben der betriebserlaubniserteilenden Behörden erweitert. Hierzu gehören:

- die Beratung von Einrichtungsträgern (§ 8b SGB VIII),
- die Mitwirkung an der Qualitätsentwicklung (§ 79a SGB VIII),
- Aufgaben im Bereich der Erlaubnis für den Betrieb einer Einrichtung zur Sicherstellung des Schutzes von Kindern und Jugendlichen (§§ 45 ff SGB VIII).

Um das Wohl von Kindern zu gewährleisten, müssen die räumlichen, fachlichen, wirtschaftlichen und personellen Voraussetzungen für den Betrieb einer Kindertageseinrichtung erfüllt sein. In § 45 SGB VIII und in den Ausführungsgesetzen der Länder sind die erforderlichen Rahmenbedingungen in einer Kita geregelt (vgl. Bundesarbeitsgemeinschaft Landesjugendämter 2017). Vor der Erteilung einer Betriebserlaubnis wird geprüft, ob alle Voraussetzungen für den Betrieb einer Kita vorliegen. Träger von Einrichtungen haben dabei einen Anspruch auf Beratung. Der überörtliche Träger der Jugendhilfe (Landesjugendamt) unterstützt die Kita-Träger bei der Entwicklung und Anwendung von fachlichen Handlungsleitlinien zur Sicherung des Kindeswohls und zum Schutz vor Gewalt (§ 8b SGB VIII). Hierzu zählt auch, diese Handlungsleitlinien in einem Kinderschutzkonzept darzulegen (Bundesarbeitsgemeinschaft Landesjugendämter 2016). Die Verpflichtung zur Vorhaltung eines Kinderschutzkonzeptes ist in § 45 des Kinder- und Jugendstärkungsgesetzes (KJSG) geregelt. So müssen Beschwerdemöglichkeiten innerhalb und außerhalb der Kindertageseinrichtung sowie Verfahren der Selbstvertretung und Beteiligung vorhanden sein. Nach § 79a SGB VIII müssen Kita-Träger zudem Qualitätsmerkmale für die Sicherung von Kinderrechten und zur Gewährleistung des Kinderschutzes definieren und regelmäßig überprüfen.

Im laufenden Betrieb einer Einrichtung sind Träger und Behörde gemäß § 47 Abs. 3 SGB VIII dazu verpflichtet, »sich gegenseitig unverzüglich über Ereignisse oder Entwicklungen zu informieren, die geeignet sind, das Wohl der Kinder und Jugendlichen zu beeinträchtigen«. Hierzu zählt u.a. das Fehlverhalten der MitarbeiterInnen und Beschwerden von Kindern, Eltern oder Mitarbeitenden, die das Kindeswohl betreffen (Bundesarbeitsgemeinschaft Landesjugendämter 2013). Zur Einschätzung einer Kindeswohlgefährdung können die Fachkräfte in Kindertageseinrichtungen die Beratung einer insoweit erfahrenen Fachkraft nutzen (vgl. Bundesarbeitsgemeinschaft Landesjugendämter 2016). Bei der Wahrnehmung ihres staatlichen Wächteramts muss die Betriebserlaubnisbehörde sicherstellen, dass bekannt gewordene Mängel abgestellt werden. Gelingt dies nicht, kann dies bis zum Entzug der Betriebserlaubnis führen (Bundesarbeitsgemeinschaft Landesjugendämter 2017).

Auf einen Blick – Rechtliche Grundlagen zur Gewährleistung der Kinderrechte

Paragraph	Inhalt und Auftrag
§ 1 BGB	• Kinder als Träger eigener Rechte von Geburt an
§ 1626 Abs. 2 BGB	• Mitsprache von Kindern an allen sie betreffenden elterlichen Entscheidungen
§ 1631 Abs. 2 BGB	• Recht auf gewaltfreie Erziehung
§ 1 Abs. 1 SGB VIII	• Recht auf Förderung der eigenen Entwicklung und auf Erziehung zu einer eigenverantwortlichen und gemeinschaftsfähigen Persönlichkeit
§ 1 Abs. 3 SGB VIII	• Förderung der individuellen und sozialen Entwicklung und Schutz vor Gefahren für das Wohl junger Menschen
§ 8 SGB VIII	• Kinder und Jugendliche sind ihrem Entwicklungsstand entsprechend an allen sie betreffenden Entscheidungen der öffentlichen Jugendhilfe zu beteiligen
§ 8a SGB VIII	• Schutzauftrag bei Kindeswohlgefährdung: Gefährdungseinschätzung, Hinzuziehen einer insoweit erfahrene Fachkraft, Hinwirken auf die Inanspruchnahme von Hilfen, ggf. Inobhutnahme
§ 8b SGB VIII	• Anspruch auf Beratung für pädagogische Mitarbeitende bei der Einschätzung einer Kindeswohlgefährdung durch eine insoweit erfahrene Fachkraft. Anspruch des Trägers von Kindertageseinrichtungen auf Beratung bei der Entwicklung und Anwendung fachlicher Handlungsleitlinien zum Thema Kinderschutz(konzept) und Partizipation (Teilhabe bzw. Beschwerde)
§ 22a SGB VIII	• Entwicklung und Einsatz einer pädagogischen Konzeption, Evaluation der pädagogischen Arbeit, Konkretisierung der Konzeption (Sicherstellung und Weiterentwicklung der Qualität)
§ 45 Abs. 2 Nr. 4 SGB VIII	• Vorhaltung eines Konzepts zum Schutz vor Gewalt • Verankerung geeigneter Verfahren der Selbstvertretung und Beteiligung sowie der Möglichkeit der Beschwerde in persönlichen Angelegenheiten als Voraussetzung einer Betriebserlaubnis
§ 45 Abs. 3 Nr. 1 und 2 SGB VIII	• Antrag auf eine Betriebserlaubnis und gleichzeitige Vorlage der pädagogischen Konzeption mit Maßnahmen der Qualitätsentwicklung und -sicherung; Auskunft über eine ordnungsgemäße Buch- und Aktenführung; Vorlage und Prüfung von Ausbildungsnachweisen und Führungszeugnissen des Personals

Paragraph	Inhalt und Auftrag
§ 47 Nr. 2 SGB VIII	• Meldepflicht bei Ereignissen oder Entwicklungen, die das Kindeswohl innerhalb einer Einrichtung beeinträchtigen können
§ 79a SGB VIII	• Festschreiben von Qualitätsmerkmalen für die Sicherung der Rechte von Kindern in Einrichtungen und ihren Schutz vor Gewalt
Bundeskinderschutz-Gesetz (BKiSchG)	• Artikelgesetz, das Novellierungen des SGB VIII festlegt • Instrument zur Stärkung eines aktiven Schutzes von Kindern
Gesetz zur Kooperation und Information im Kinderschutz (KKG)	• das KKG ist als Artikel 1 des BKiSchG verabschiedet worden und flankiert die Vorschriften nach § 8a/§ 8b/§ 42 (Inobhutnahme) und § 79a des SGB VIII. Das Gesetz hilft auch bei der Umsetzung der § 1631 und § 1666 BGB

Verantwortlichkeiten zur Gewährleistung von Kinderrechten und Kinderschutz

Zur Sicherung der Rechte und des Wohls von Kindern in Tageseinrichtungen obliegen dem Träger einer Einrichtung, der Leitung, dem Team, der QM-beauftragten Fachkraft und auch der Fachberatung unterschiedliche Verantwortungsbereiche (vgl. Bundesarbeitsgemeinschaft Landesjugendämter 2016: 10f, LWL 2020: 9 ff, Boll & Remsperger-Kehm 2021).

	Zuständigkeit für
Träger	• Sicherung des Kindeswohls • Etablierung einer Organisationskultur der gegenseitigen Rückmeldung und Unterstützung • Verbesserung struktureller Rahmenbedingungen zur Entlastung der Beschäftigten (Gewährleistung von Erholungsphasen und Pausen, Vermeidung von Überforderungssituationen) • Stärkung und Entlastung von Leitungen • Gewährleistung von kontinuierlicher Qualifizierung und Weiterbildung für Teams • Umsetzung der Voraussetzungen für die Betriebserlaubnis • Implementierung eines Kinderschutzkonzepts • Definition klarer Beschwerde- und Meldewege • Vorhaltung von Möglichkeiten zur Beschwerde (§ 45 Abs. 2 Nr. 4 SGB VIII) • Angaben zur Qualitätssicherung und -entwicklung in Konzeption (§ 45 Abs. 3 Nr. 1 SGB VIII) • Vorlage und Prüfung aufgabenspezifischer Ausbildungsnachweise sowie von Führungszeugnissen (§ 45 Abs. 3 Nr. 2 SGB VIII) • Meldung von Entwicklungen und Ereignissen, die geeignet sind, das Wohl der Kinder zu beeinträchtigen, an das Landesjugendamt (§ 47 Satz 1 Nr. 2 SGB VIII) • Eigenes steuerndes Eingreifen oder Einschaltung der Fachberatung • Stellungnahme nach Aufforderung des Landesjugendamtes

	Zuständigkeit für
Leitung	• Etablierung einer Einrichtungskultur der gegenseitigen Rückmeldung und Unterstützung • Eigene Qualifizierung und Vorbildfunktion • Eigene Erreichbarkeit für Fachkräfte (zuhören, wahr- und ernstnehmen) • Personalführung und -entwicklung (Kooperationsförderung, Qualifizierung, Umgang mit Überforderungssituationen und Stress, Weisungsbefugnis) • Regelmäßige Sensibilisierung für den feinfühligen Umgang mit Kindern (Dienst- und Fallbesprechungen, Kollegiale Beratung) • Stärkung des professionellen Selbstbewusstseins und Selbstverständnisses der Fachkräfte • Implementierung von Kinderrechten sowie Beteiligungs- und Beschwerdeverfahren • Etablierung von Verfahren zum präventiven Kinderschutz und Verankerung in der Konzeption • Kenntnis und Anwendung rechtlicher Vorgaben und der Umsetzungsvorschriften des Trägers • Umsetzung eines festgelegten Meldeverfahrens durch Mitarbeitende • Regelung einer Informationsweitergabe durch Fachkräfte an die Leitung • Information der Verantwortlichen des Trägers über alle wesentlichen Entwicklungen und Vorkommnisse in der Kita
Pädagogische Fachkräfte	• Gewährleistung eines feinfühligen Umgangs mit Kindern • Stärkung und Beteiligung von Kindern • Wahrnehmung von Beschwerden • Fortwährende eigene Weiterqualifizierung • Reflexion des eigenen pädagogischen Handelns und eigener Belastungsmomente • Austausch über pädagogische Ziele und pädagogisches Handeln • Thematisierung von Diskrepanzen im pädagogischen Verhalten • Wertschätzender Umgang im Team (kollegiale Verbundenheit, professionelle Distanz, gemeinsamer Lernprozess) • Etablierung einer Teamkultur der gegenseitigen Rückmeldung und Unterstützung • Weitergabe von Informationen über verletzendes Verhalten an die Leitung oder über die Leitung an den Träger
QM-beauftragte Fachkraft	• Regelmäßige Sensibilisierung für den feinfühligen Umgang mit Kindern • Transparenz über Beteiligungs- und Beschwerdeverfahren für Kinder und Eltern • Definition und Bekanntmachung von Beschwerdewegen (z.B. Aushänge) (§ 45 Abs. 3 Nr. 1 i.V.m. Abs. 2 Nr. 3 SGB VIII)
Fachberatung und örtliches Jugendamt	• Prozesse der Qualitätsentwicklung anstoßen und begleiten • Strategien der Personalentwicklung: Anleitung, Vorbild, Patensysteme, Feedbackkultur • Beratung von Einrichtungen • Entwicklung von Schutzkonzepten • Umsetzung von Präventionsprojekten • Fortbildungen durch ReferentInnen der Fachberatungsstellen • Kommunikation zwischen Kita-Leitung, Eltern und Träger

Verankerung von Kinderrechten und Kinderschutz auf konzeptioneller Ebene

Verhaltensampeln für Kitas

Eine Möglichkeit, in Kita-Teams präventiv mit verletzendem Verhalten umzugehen, ist das gemeinsame Erstellen einer Verhaltensampel. Der Austausch kann ein wichtiger Schritt sein, gemeinsam festzuhalten, welchen Umgang man mit Kindern pflegen möchte und welche »rote Linien« nicht überschritten werden dürfen. Anknüpfend an eine Handreichung des Landschaftsverband Rheinland (2019) dient das folgende Beispiel einer Verhaltensampel zur Anregung:

Verhaltensweisen, die immer falsch sind und angezeigt werden müssen.
• Jedes bewusst verletzende Verhalten, wie z.B. diskriminieren, bloßstellen, bedrohen, ausgrenzen, einsperren, ignorieren von Grundbedürfnissen, Aufsichtspflichtverletzungen • Angst machen und Ausübung von Zwang • Nichtbeachtung der Intimsphäre, Kinder küssen, ungefragt auf den Schoß nehmen • Tragen aufreizender Kleidung, Fotoaufnahmen ohne Einwilligung • Etc.
Verhaltensweisen, die im Team geklärt werden müssen, weil sie Kinder verletzen. Oftmals handelt es sich um Überreaktionen oder unreflektierte Verhaltensweisen von Fachkräften. Gegebenenfalls ist eine Meldung nach § 47 SGB VII notwendig.
• Jedes verletzende Verhalten, was häufig aus Stresssituationen erwächst, z.B. unterbrechen, bedrängen, überfordern, wütend sein, anschreien etc. • Nichtbeachten von Bedürfnissen • Willkürlichkeit im pädagogischen Handeln • Beleidigung der Eltern/Familie • Etc.
Verhalten, das den Kindern nicht unbedingt gefällt, aber pädagogisch richtig bzw. notwendig ist.
• Jedes pädagogisch begründete konsequente Handeln • Pädagogisch begründeter Körperkontakt, wie z.B. trösten, umarmen, hochheben, an- und ausziehen der Kinder, sofern diese es nicht alleine können • Maßnahmen, die das Wohl der Kinder schützen, auch wenn diese verletzend sind, wie z.B. festhalten, oder Pflegemaßnahmen, die ärztlich verordnet sind • Altersgerechte Aufklärung • Etc.

Entwicklung eines Kinderschutzkonzepts

Wenngleich das Vorhalten eines Kinderschutzkonzeptes rechtlich vorgeschrieben ist, gibt es für die Entwicklung und Ausgestaltung eines solchen Konzepts keine verbindlichen rechtlichen oder fachlichen Vorgaben. Der Träger bzw. die einzelne Kita müssen daher selbst entscheiden, auf welche Aspekte sich das Konzept beziehen soll. Maywald (2020) empfiehlt, dem Kinderschutzkonzept mindestens ein Verständnis mit mittlerer Reichweite zugrunde zu legen. Das bedeutet, dass mithilfe des Schutzkonzeptes Kinder vor sämtlichen Ausprägungen des verletzenden Verhaltens geschützt werden sollen. Es geht also nicht nur um sexuelle Gewalt, sondern genauso um körperliche und seelische Gewalt sowie um die Vernachlässigung von Kindern.

Ein Kinderschutzkonzept einer Kita sollte laut Maywald (2020) modular gestaltet sein. Mehrere Bausteine können so jederzeit weiterentwickelt und ergänzt werden. Zu den von Maywald vorgeschlagenen zehn Bausteinen eines Kinderschutzkonzepts gehören

1) die Verankerung des Schutzes von Kindern im Trägerleitbild und in der Konzeption,
2) die Thematisierung von Gewalt gegen Kinder im Einstellungsgespräch,
3) eine Gefährdungsanalyse der Risiken im Alltag,
4) die Entwicklung eines Verhaltenskodex,
5) Präventionsangebote für Kinder,
6) die Information der Eltern,
7) Fortbildungen für das pädagogische Personal,
8) ein Beschwerdemanagement in der Kita,
9) die Entwicklung eines Notfallplans sowie
10) die Kooperation mit Fachberatungsstellen gegen Gewalt (vgl. ebd.).

In unserem Schaubild für ein Konzept zum »Kinderschutz von Anfang an« haben wir die von Maywald genannten Bausteine integriert, jedoch um einen wesentlichen Gedanken erweitert. Wir sehen den Beginn des Kinderschutzes bereits in der gemeinsamen Verständigung und auch in der klaren Nennung eines pädagogischen Grundverständnisses, das den feinfühligen und wertschätzenden Umgang mit dem einzelnen Kind als den Ausgangspunkt allen weiteren Handelns macht. Dieses pädagogische Grundverständnis bildet den Kern, dem sich alle Fachkräfte genauso verpflichtet fühlen wie die Leitung oder der Träger der Einrichtung. »Kinderschutz von Anfang an« bedeutet in dieser Lesart, dass Träger, Leitung und Fachkräfte gemeinsam an einer Kultur der gegenseitigen Rückmeldung und Unterstützung arbeiten, um einen feinfühligen Umgang in der ganzen Organisation und insbesondere im Umgang mit Kindern zu gewährleisten.

Wir gehen davon aus, dass alles, was diesem feinfühligen Umgang miteinander entgegensteht, bereits eine Form des verletzenden Verhaltens darstellen kann. Es braucht daher eine besonders hohe Sensibilität für ganz kleine und vielleicht kaum wahrnehmbare Verletzungen, um Kinder bestmöglich vor schweren Formen der seelischen, körperlichen

und sexuellen Gewalt schützen zu können. Unser Vorschlag, gemeinsam an einem Konzept zum »Kinderschutz von Anfang an« zu arbeiten, bedeutet deshalb, Prävention von Beginn an zu leisten. Wir müssen uns darüber bewusstwerden, dass wir Kinder bereits dann schützen, wenn wir feinfühlig und achtsam mit ihnen interagieren. Diesen Gedanken gilt es aufzugreifen und fortzuführen, wenn in der Kita am Leitbild und an der Konzeption gearbeitet wird, wenn wir Kinder stärken wollen, Fachkräfte weiterbilden und unterstützen, uns mit Eltern austauschen und schließlich auch dann, wenn wir Herausforderungen und Gefährdungsmomente im pädagogischen Alltag in den Blick nehmen. »Kinderschutz von Anfang an« ist daher kein Konzept, das erst dann greift, wenn verletzendes Verhalten bereits in einer stärkeren Form vorliegt. Vielmehr handelt es sich um ein Konzept, an dem Fachkräfte, Leitungen und Träger fortwährend arbeiten. Es soll helfen, die Bedürfnisse, Signale und Interessen von Kindern im Blick zu behalten und uns dabei unterstützen, den Umgang mit den Mädchen und Jungen feinfühlig zu gestalten.

Verhaltenskodex für die AkteurInnen in der Kindertageseinrichtung

Ein Konzept zum »Kinderschutz von Anfang an« impliziert, dass sich die AkteurInnen in einer Kindertageseinrichtung über ein pädagogisches Grundverständnis austauschen. Die Verständigung über eine gemeinsame ethische und fachliche Grundhaltung kann für die individuelle Einrichtung natürlich auch in Form eines Verhaltenskodex festgehalten werden. Um einen feinfühligen Umgang mit Kindern und einen professionellen Umgang im Team sowie in der gesamten Organisation zu erreichen, können Selbstverpflichtungen eine gute Ausgangsbasis bilden. Die Reckahner Reflexionen zur Ethik pädagogischer Beziehungen (Deutsches Institut für Menschenrechte u.a. 2017) und die Arbeitshilfe des Paritätischen Gesamtverbands (2016) bieten wichtige Orientierungspunkte für die Formulierung einer Selbstverpflichtung. Ebenso eignen sich die Reflexionsfragen zur Sensitiven Responsivität von pädagogischen Fachkräften (*V14*), Leitungskräften (*V15*) sowie von Trägervertretern und Fachberatung (*V16*) zur Annäherung an gemeinsame ethische Grundlagen. Folgende Aspekte zur Entwicklung eines Verhaltenskodex möchten wir abschließend für Sie aufführen:

Richtlinien für den Umgang mit Kindern

- Respektvoller und wertschätzender Umgang
- Berücksichtigung der Signale, Bedürfnisse und Interessen von Kindern
- Aufmerksames Zuhören
- Begleitung ihrer Entwicklung und stärkenorientierte Rückmeldungen
- Stärkung des Zugehörigkeitsgefühls zur Gemeinschaft
- Schutz vor verletzendem Verhalten

Richtlinien für den professionellen Umgang im Team

- Respektvoller und wertschätzender Umgang
- Unterstützung eines feinfühligen Umgangs mit Kindern
- Etablierung einer Kultur der gegenseitigen Rückmeldung und Unterstützung
- Bewusstsein für die eigene Verantwortung
- Ansprechen und Aufarbeitung verletzender Verhaltensweisen
- Ernstnehmen der Beschwerden von Kindern, Eltern, Personal und weiteren Personen

Richtlinien für den Umgang miteinander in der gesamten Organisation

- Respektvoller und wertschätzender Umgang
- Etablierung einer Kultur der gegenseitigen Rückmeldung und Unterstützung
- Übernehmen von Verantwortung
- Wahrnehmung und Aufarbeitung verletzender Verhaltensweisen
- Anfordern von externer Unterstützung und Beratung
- Engagement im fachpolitischen Diskurs

UBS
PETRONAS

Anhang

Literatur

Boll, A.; Remsperger-Kehm, R. (2021): Verletzendes Verhalten in Kitas – Eine Explorationsstudie zu Formen, Umgangsweisen, Ursachen und Handlungserfordernissen aus der Perspektive der Fachkräfte. Verlag Barbara Budrich, Opladen, Berlin, Toronto.

Boll, A.; Remsperger-Kehm, R. (2021): Schaut nicht weg! Zum Umgang mit verletzendem Verhalten in der Kita. Gewerkschaft für Erziehung und Wissenschaft (GEW), Frankfurt a. M..

Boll, A.; Remsperger-Kehm, R. (2021): Verletzendes Verhalten gegenüber Kindern verhindern – Prävention und Gesundheitsförderung in Kitas. In: Kita aktuell, BW und BY, 6/2021, 144-146.

Boll, A.; Remsperger-Kehm, R. (2021): Verletzendes Verhalten durch pädagogische Fachkräfte in Kindertageseinrichtungen. In: Weltzien, D.; Wadepohl, H.; Nentwig-Gesemann, I.; Alemzadeh M. (Hrsg.), Forschung in der Frühpädagogik, Band 14, Schwerpunkt: Frühpädagogischen Alltag gestalten und erleben. FEL-Verlag, Freiburg. S. 173-199.

Boll, A.; Remsperger-Kehm, R. (2021): Verletzendes Verhalten von Fachkräften, Kita-Fachtexte Nr. 10/2021. Verfügbar unter: https://nbn-resolving.org/urn:nbn:de:kobv:b1533-opus-45577

Boll, A.; Remsperger-Kehm, R. (2021): Über verletzendes Verhalten in Kitas ins Gespräch kommen. In: Kita aktuell, BW sowie BB, MV, SN, ST, TH, BE, 09.2021, 214-215.

Boll, A.; Remsperger-Kehm, R. (2021): Trotz Stress den Kindern gerecht werden. Ergebnisse einer Studie zu verletzenden Verhaltensweisen von Fachkräften. Interview in kindergarten heute. Herder Verlag, Freiburg. 9_2021, 8.

Boll, A.; Remsperger-Kehm, R. (2021): Fragt Euch! Reflexionsfragen zum Umgang mit verletzendem Verhalten und zur Weiterentwicklung Sensitiver Responsivität. In: Botzum, E.; Remsperger-Kehm, R. (Hrsg.), Betreuung von Kleinstkindern – Qualität von Anfang an in Krippe, Kindergarten und Kita. 29. Lieferung, Schwerpunkt: Kommunikation gestalten. Carl Link Verlag, Kronach.

Boll, Astrid & Remsperger-Kehm, Regina (2020): Wahrnehmen – Verstehen – Antworten. Zur Entwicklung Sensitiver Responsivität in Zeiten besonderer Belastung. In Frühe Kindheit. Zeitschrift der deutschen Liga für das Kind. (1/2020), (S. 54-59).

Boll, Astrid & Remsperger-Kehm, Regina (2020): Das Wohl von Kindern schützen – Fachkräfte unterstützen. In E. Botzum & R. Remsperger-Kehm (Hrsg.). Betreuung von Kleinstkindern – Qualität von Anfang an in Krippe, Kindergarten und Kita. Schwerpunkt: Kinderschutz in Tageseinrichtungen. Carl Link Verlag, Kronach.

Bundesarbeitsgemeinschaft Landesjugendämter (2017): Das Eingreifen der Betriebserlaubnisbehörden bei Gefährdung des Kindeswohls in Tageseinrichtungen für Kinder. Empfehlungen zur Umsetzung der Aufsichtsfunktion. Verfügbar unter: http://www.bagljae.de/content/empfehlungen/. Zugriff: 09.03.2022.

Bundesarbeitsgemeinschaft Landesjugendämter (2016): Handlungsleitlinien für Kinderschutzkonzepte zur Prävention und Intervention in Kindertageseinrichtungen – beschlossen auf der 120. Arbeitstagung der vom 18. bis 20. Mai 2016 in Münster. Verfügbar unter: http://www.bagljae.de/downloads/124_handlungsleitlinien-kinderschutzkonzepte-i.pdf. Zugriff: 09.03.2022.

Bundesarbeitsgemeinschaft Landesjugendämter (2013): Handlungsleitlinien zur Umsetzung des Bundeskinderschutzgesetzes im Arbeitsfeld der betriebserlaubnispflichtigen Einrichtungen nach § 45 SGBVIII. Verfügbar unter: http://www.bagljae.de/content/empfehlungen/. Zugriff: 12.11.2021.

Bundesarbeitsgemeinschaft Landesjugendämter (2013): Sicherung der Rechte von Kindern als Qualitätsmerkmal von Kindertageseinrichtungen. Verfügbar unter: http://www.bagljae.de/downloads/114_sicherung-der-rechte-von-kindern-in-kitas.pdf. Zugriff: 12.11.2021.

Der Paritätische Gesamtverband (2016): Arbeitshilfe Kinder- und Jugendschutz in Einrichtungen. Gefährdung des Kindeswohls innerhalb von Institutionen. Verfügbar unter: https://www.der-paritaetische.de/fileadmin/user_upload/Publikationen/doc/kinder-und-jugendschutz-in-einrichtungen-2016_web.pdf. Zugriff: 09.03.2022.

Deutsches Institut für Menschenrechte u.a. (2017): Reckahner Reflexionen zur Ethik pädagogischer Beziehungen, Rochow-Edition: Reckahn 2017. Verfügbar unter: https://paedagogische-beziehungen.eu/materialien-zu-den-reckahner-reflexionen/. Zugriff: 09.03.2022.

Deutsches Kinderhilfswerk (o.J.): Kinderrechte. Verfügbar unter: https://www.dkhw.de/schwerpunkte/kinderrechte/. Zugriff: 22.04.2022.

Hundt, Marion (2016): Das Recht der Kinder auf gewaltfreie Erziehung in Kita und Grundschule und der Umgang mit »Strafen«. In Deutsche Kinderhilfe e.V. (Hrsg.). Praxisleitfaden Kinderschutz in Kita und Grundschule. Die Würde des Kindes ist unantastbar. Köln/Kronach, Carl Link Verlag, S. 23-28.

Kommunalverband für Jugend und Soziales Baden-Württemberg, Dezernat Jugend – Landesjugendamt (2018): Schutz von Kindern in Kindertageseinrichtungen in Baden-Württemberg. Handlungsleitlinien bei Meldungen nach § 47 SGB VIII und Anregungen zur Erstellung von Kinderschutzkonzepten. Verfügbar unter: https://www.kvjs.de/fileadmin/publikationen/jugend/Schutz-von-Kindern_27.12.pdf. Zugriff: 09.03.2022.

König, Elisa & Kölch, Michael (2018): Gewalt hinterlässt Spuren. Gegen übergriffiges Verhalten von Fachkräften. In TPS spezial, 10/18, S. 16-19.

Leichsenring, E. (2014): Eine gute Kita aus der Sicht eines Kleinkindes. Abrufbar unter: http://www.kita-fachtexte.de/uploads/media/KiTaFT_Leichsenring_2014.p.

Leitner, Barbara (2020): Gewaltfreie Kommunikation in der KiTa: Wertschätzende Beziehungen gestalten – zu Eltern, Kindern, im Team und zu sich selbst. Paderborn, Junfermann Verlag.

LVR Landschaftsverband Rheinland (o.J.). Hinweise für Träger zu den Meldepflichten nach § 47 § SGB VIII. Meldung eines Ereignisses, das geeignet ist das von Kindern in Tageseinrichtungen zu gefährden. Verfügbar unter: https://www.lvr.de/media/wwwlvrde/jugend/service/rundschreiben/dokumente_96/kinder_und_familien/aufsichtte/Hinweise_zur_Meldepflicht_nach__47_SGB_VIII.pdf Zugriff: 8.3.2022.

LVR Landschaftsverband Rheinland (2019). Kinderschutz in der Kindertagesbetreuung - Prävention und Intervention in der pädagogischen Arbeit. Verfügbar unter: https://www.lvr.de/media/wwwlvrde/jugend/kinderundfamilien/tageseinrichtungenfrkinder/dokumente_88/Broschure_Kinderschutz_27.05.2019.pdf. Zugriff: 09.03.2022.

LWL-Landesjugendamt Westfalen & LVR-Landesjugendamt Rheinland (2020): Handreichung zum Umgang mit Meldungen gem. § 47 Satz 1 Nr. 2 SGB VIII für Kindertageseinrichtungen. Verfügbar unter: https://www.lwl-landesjugendamt.de/media/filer_public/56/f4/56f4fa5d-6399-421b-8d35-262963c1c965/201106_umgang_meldungen_47_web.pdf. Zugriff: 09.13.2022.

Maywald, Jörg (2021): Kinderrechte und Partizipation. Nifbe-Themenheft Nr. 36.

Maywald, Jörg & Ballmann, Anke Elisabeth (2021): Gewaltfreie Pädagogik in der Kita. Basiswissen, Fallbeispiele, Reflexionsfragen und Checklisten für Team- und Elternarbeit. München, Don Bosco.

Maywald, Jörg (2020): Fehlverhalten und Gewalt durch pädagogische Fachkräfte in Kitas. In Frühe Kindheit, 01/2020, S. 24-31.

Maywald, Jörg (2020): Die Kita als sicherer Ort für Kinder. Schutzkonzept und Beschwerdemöglichkeiten als Bausteine des institutionellen Kinderschutzes. In E. Botzum & R. Remsperger-Kehm (Hrsg.). Betreuung von Kleinstkindern – Qualität von Anfang an in Krippe, Kindergarten und Kita. Schwerpunkt: Kinderschutz in Tageseinrichtungen. Kronach, Carl Link Verlag.

Maywald, Jörg (2019): Gewalt durch pädagogische Fachkräfte verhindern. Freiburg, Basel, Wien, Herder Verlag.

Prengel, Annedore (2020): Ethische Pädagogik in Kitas und Schulen. Weinheim, Basel, Beltz.

Prengel, Annedore (2019): Pädagogische Beziehungen zwischen Anerkennung, Verletzung und Ambivalenz.. Opladen, Berlin, Toronto, Verlag Barbara Budrich.

Remsperger-Kehm, R. (2022): Beziehungen und Interaktionen gestalten. In: Neuß, N.; Kähler, S. (Hrsg.). Grundwissen Kindheitspädagogik. Eine Einführung in Perspektiven, Begriffe und Handlungsfelder. Cornelsen Verlag, Mülheim an der Ruhr. S. 184-195.

Remsperger-Kehm, R. (2022): Zwischen Macht und Ohnmacht. Schwierige Strukturen gemeinsam im Team überwinden. In: Betrifft KINDER, 03-04_2022. verlag das netz, Weimar. 10-13.

Remsperger-Kehm, Regina (2020) ... »Ich muss doch was sagen« – Verletzendes Verhalten in der Kita ansprechen und reflektieren. In Betrifft KINDER. Weimar: verlag das netz. 29-32.

Remsperger-Kehm, Regina (2020): Trotz Stress den Kindern gerecht werden. Interview in kindergarten heute. Freiburg: Herder Verlag. 10_2020, S. 8.

Remsperger-Kehm, Regina (2020): Sensitive Responsivität [online]. socialnet Lexikon. Bonn: socialnet, 26.03.2020. Verfügbar unter: https://www.socialnet.de/lexikon/Sensitive-Responsivitaet. Zugriff: 10.03.2021.

Remsperger, Regina (2011): Sensitive Responsivität. Zur Qualität pädagogischen Handelns im Kindergarten. Wiesbaden, VS Verlag für Sozialwissenschaften.

Remsperger, Regina (2008): Feinfühligkeit im Umgang mit Kindern. Kindergarten heute spezial (2). Herder.

Schrauth, B. (2021): Bundesweite Befragungsstudie »Verletzendes Verhalten von Fachkräften in Kindertagesstätten« – Tabellarischer Ergebnisbericht, Juli 2021. Nürnberg, Institut für empirische Soziologie an der Friedrich-Alexander-Universität Erlangen-Nürnberg.

Schulz, Ingrid E. & Frisch, Sandra (2015): Kein Kind darf in der Ecke stehen. Recht auf gewaltfreie Erziehung. In Betrifft KINDER, 03/2015, S. 6-11.

Tellisch, C. & Prengel, A. (2019): Pädagogische Beziehungen im Kindergarten – Wie inklusive Prozesse gestärkt und geschwächt werden. In: nifbe (Hrsg.). Inklusive Haltung und Beziehungsgestaltung. Kompetenter Umgang mit Vielfalt in der Kita. Freiburg: Herder Verlag, S. 35-52.

TPS spezial (2018): Wo ist die unsichtbare Linie? Kindergrenzen respektieren – Veränderungen anstoßen. Sonderheft Herbst 2018.

Unicef (2020): Die Kinderrechtskonvention. Regelwerk zum Schutz der Kinder weltweit. Verfügbar unter: https://www.unicef.de/informieren/ueber-uns/fuer-kinderrechte/un-kinderrechtskonvention. Zugriff: 22.12.2020.

Weltzien, Dörte (2018): Gestaltung von Interaktion und Beziehung als pädagogischer Kern. In M. Rißmann (Hrsg.). Didaktik in der Kindheitspädagogik. Grundlagen der Frühpädagogik. Band 3., S. 371-381, Kronach: Carl Link Verlag.

Weltzien, Dörte & Söhnen, Sarah A. (2019): Die Interaktions- und Beziehungsgestaltung im pädagogischen Alltag. Erste Befunde zur Fremdeinschätzung und Selbstauskunft der Fachkräfte in dem Projekt InKluKiT. Perspektiven der empirischen Kinder- und Jugendforschung, 1/2019. Verfügbar unter: https://fel-verlag.de/files/u757/Perspektiven_1_2019_Jahrgang%205%281%29.pdf. Zugriff: 12.03.2021.

Zentrum Bildung der EKHN – Fachbereich Kindertagesstätten (o.J.): Positionspapier Grenzüberschreitungen. Im Fokus: Grenzüberschreitungen von Fachkräften gegenüber Kindern – grenzüberschreitendes Verhalten im pädagogischen Alltag. Verfügbar unter: https://kita.zentrumbildung-ekhn.de/fileadmin/content/kita/6Service/Positionspapiere/Positionspapier_Grenzueberschreitungen_final.pdf. Zugriff: 28.5.2020.

Szenen verletzenden Verhaltens

1a Szenen unterschiedlicher Intensität verletzenden Verhaltens

Wir beschreiben hier für Sie ganz unterschiedliche Szenen verletzenden Verhaltens. Auf eine Einschätzungen hinsichtlich der Intensität des verletzenden Verhaltens verzichten wir. Auch wenn das verletzende Verhalten deutlich erscheint, kann aus bester Absicht heraus gehandelt worden sein. Womöglich ist es der Fachkraft nicht bewusst bzw. bekannt, dass es sich hier um ein nicht zulässiges, weil verletzendes Verhalten handelt.

Die Szenen dienen dazu, den Austausch anzuregen, ein Verständnis für unterschiedliche Einschätzungen zu entwickeln und gemeinsam das eigene Denken und Handeln in den Blick zu nehmen.

Szene 1

Zur Karnevalsfeier gibt es ein großes Kinderbuffett, mit – ausnahmsweise – vielen »ungesunden« Dingen. Die Kinder haben sich Süßigkeiten jeder Art und auch Salzgebäck gewünscht, die nun neben den belegten Brötchen positioniert sind. Als der dreijährige Emil sich nun den Teller mit zahlreichen Gummitieren befüllen will, sagt die Fachkraft, dass er bitte auch ein halbes Brötchen essen möge. Die anwesende Praktikantin fragt nach, warum er das solle, denn das Frühstück sei doch frei wählbar. Die Fachkraft erklärt, dass sich Emil beim letzten Kinderbuffet so viel Süßes genommen hat, dass er sich übergeben musste. Und das würde sie durch das halbe Brötchen, was Emils Magen etwas füllt, vermeiden wollen.

Szene 2

Tatjana (4,7 Jahre) hat keine festen Freundschaften. Im Gegenteil, sie wird häufig von anderen Kindern abgewiesen. Sie spielt oft allein oder versucht aktiv Kontakt aufzubauen. Die familiäre Situation ist schwierig, die Eltern wenig beliebt bei den Fachkräften. Regelmäßig sucht sie Nähe bzw. Körperkontakt zur Gruppenerzieherin. Vanessa lässt diesen Kontakt aber nicht zu, obwohl sie ansonsten häufig Kinder auf dem Schoß hat. Tatjana aber weist sie immer wieder freundlich ab, weil es z.B. gerade nicht passt. Oder sie reagiert einfach nicht auf die Bemühungen des Kindes, indem sie sich z.B. wegdreht und ein anderes Kind anspricht.

Szene 3

Jumeyda (6 Jahre), ein Kind mit Autismusspektrumstörung, wird durch die Einzelintegrationshelferin Laura im Alltag in der Kita unterstützt. In der Regel spielt Jumeyda versonnen mit der Murmelbahn. Manchmal gelingt es, dass ein oder zwei Kinder mit ihr zusammen dort spielen. Laura kann die Bedürfnislage von Jumeyda gut einschätzen und holt sie meistens rechtzeitig aus unruhigen Situationen heraus. Für die kommende

Woche hat Laura Urlaub angemeldet und es wurde rechtzeitig überlegt, wer ihren Part übernehmen kann. Lorenzo, ein Heilerziehungspfleger im Anerkennungsjahr, hat auch guten Kontakt zu Jumeyda und er freut sich auf diese Aufgabe. Leider erkrankt er jedoch, sodass die Leitung erneut nach Ersatz schauen muss. Als Jumeyda gebracht wird, erklärt die Leitung der Mutter die Situation. Eventuell könne es sein, dass Jumeyda abgeholt werden muss. Die Mutter ist zunächst verdattert und dann ein wenig außer sich. Sie fühlt sich zu spät informiert und hat einen wichtigen Termin, den sie nicht absagen kann. Die Leitung beschwichtigt und meint, dass sicherlich alles gutgehen wird.

Rebecca, eine zweite Fachkraft, begleitet Jumeyda an diesem Morgen. Zunächst geht es zur Murmelbahn. Als dann das Frühstück naht, möchte Rebecca Jumeyda zum Hände waschen animieren. Jumeyda reagiert jedoch nicht und als Rebecca sie vorsichtig berührt, dreht sie sich um und schlägt heftig nach Rebecca. Diese versucht beruhigend auf Jumeyda einzureden und sie aus der Gruppe zu bringen, doch Jumeyda wird immer heftiger. Einige Kinder fangen an zu weinen, was Jumeyda wiederum noch mehr in Unruhe und in einen wütenden Zustand versetzt. Sie klammert sich an die Murmelbahn und als zwei Kolleginnen zur Hilfe eilen, kratzt und beißt sie die beiden. »Hör auf«, brüllt Marion (Erzieherin) Jumeyda an, woraufhin eine Kollegin Marion zu sänftigen bemüht. »Das ist schon das dritte Mal, dass sie mich gebissen hat!« Auch die Leitung ist inzwischen im Raum und versucht beruhigend auf Jumeyda, auf Marion und das ganze Geschehen einzuwirken. Aber es klappt nicht. Jumeyda wird immer lauter und greift jeden an, der ihr oder der Murmelbahn zu nah kommt. Dann gelingt es Marion, Jumeyda an den Händen zu fassen und schleift sie auf dem Boden aus der Gruppe in den Flur und ins Büro.

Szene 4

Noch zehn Tage bis Weihnachten und bislang konnte noch kein Backangebot stattfinden. Nun aber hat Carsten den morgigen Vormittag dafür eingeplant. Die Kinder sind begeistert, haben Plätzchen ausgewählt und am Nachmittag vorher bei einem Gruppenausflug alles eingekauft. Am nächsten Morgen kommt Carsten erkältet in die Einrichtung. Die Leitung spricht ihn an und sagt: »So kannst du nicht arbeiten! Du siehst aus, als hättest du Fieber!« Carsten erwidert, dass er auch nur für das Angebot gekommen ist und sich danach ins Bett legt. Aber er will auf keinen Fall die Kinder enttäuschen, denn die haben sich so darauf gefreut. Am nächsten Tag sind zwei Kinder aus der Backgruppe erkrankt.

Szene 5

Beim Spaziergang mit der Gruppe bleibt Maxi (5;2 Jahre) verträumt hinter der Gruppe zurück. Die Fachkraft fordert ihn auf, an die Gruppe aufzuschließen. Beim nächsten Blick zurück sieht die Fachkraft Maxi am Bordsteinrand der viel befahrenen Straße, eilt sofort hin und reißt ihn am Arm zurück. Maxi schaut erschrocken zu ihr auf, reibt sich den Arm und weint. Die Fachkraft sagt: »Ach Maxi, ich habe mich total erschrocken. Entschuldige bitte. Warum bist du immer so verträumt?«

Szene 6

Die Neurodermitis von Agnes (1;3 Jahre) ist wieder voll aufgeblüht. Die Mutter bittet darum, dass die mitgebrachte Creme nach jedem Wickeln aufgetragen wird, damit die Entzündungsherde gestoppt werden. Die Mutter gibt an, bis 14.00 Uhr nicht erreichbar sein.

Zwei Stunden später sieht die Fachkraft Agnes in der Ecke stehen. Kurz darauf fängt Agnes an zu jammern. Die Fachkraft bemerkt, dass die Windel voll ist und nimmt Agnes – wie immer – mit zum Wickeltisch. Doch Agnes fängt lautstark an zu schreien: »Will nicht!« Die Fachkraft versucht beruhigend auf sie einzureden, doch Agnes wirft sich auf den Boden. Dann ruft die neue Kollegin bereits aus der Gruppe, dass auch andere Kinder dringend gewickelt werden müssen.

Nach weiteren erfolglosen Beruhigungsversuchen wickelt die Fachkraft Agnes gegen ihren Willen und trägt die Creme auf. Völlig fertig kommen beide aus dem Wickelraum.

Szene 7

Zum Mittagessen bekommen die Krippenkinder wie immer einen Latz umgebunden. Als die Praktikantin bei Maja (2,8 Jahre) angekommen ist, sagt Anja, die Erzieherin: »Zieh Maja den großen Latz an und schieb sie ganz dicht an den Tisch. Maja ist immer so unruhig und soll deshalb nicht viel Bewegungsspielraum haben.« Als das Essen kommt, nimmt Anja den Teller von Maja, hebt diesen an und legt den übergroßen Latz darunter. »Siehst du«, sagt sie zur Praktikantin, »wenn sie sich jetzt zu sehr bewegt, fällt der Teller runter. Deshalb muss sie nun ruhig sitzen bleiben!« Anja drückt den Stuhl erneut fest an den Tisch. »Aua«, sagt Maja.

Szene 8

Die älteren Kinder der Krippengruppe gehen zum Schlafraum und legen sich in ihre Betten. Alida (2;10 Jahre) ist heute besonders unruhig und richtet sich immer wieder auf. Die Fachkraft ermahnt sie leise, dass sie sich hinlegen und die Augen schließen soll. Sie deckt sie zu und legt zur Beruhigung legt ihre Hand auf die Bettdecke von Alida. Alida windet ihre Arme heraus und schiebt den Arm weg. Daraufhin wickelt die Fachkraft energisch die Decke als Kokon um Alida, so dass die Arme fest am Körper anliegen und sich das Kind nicht mehr rühren kann. »Und jetzt wird geschlafen«, raunt die Fachkraft Alida zu.

Szene 9

An der Fahrzeugausgabe an der Kellertür zum Außengelände drängeln sich viele Kinder, um ein Fahrzeug zu ergattern. Cem (5;3 Jahre) und Friedrich (5;8 Jahre) streiten erbittert um den Laster, welchen beide fahren wollen. Der anwesende Kindheitspädagoge Tom geht dazwischen und setzt beide auf die Bank, die direkt neben der Kellertür vor dem Sandkasten steht. »So ihr zwei, jetzt beruhigt ihr euch erst einmal und denkt euch eine Lösung für euer Problem aus.« Er geht zum hinteren Teil des Sandkastens. Aus dem Augenwinkel heraus sieht er, dass Friedrich die Bank verlässt. Er eilt hin, nimmt ihn am

Arm und setzt ihn erneut auf die Bank. »Erst will ich eure Lösung wissen«, sagt er ungeduldig. Cem zuckt mit den Schultern und Friedrich verschränkt wütend die Arme. »Ich hatte den Laster zuerst und nicht der Blödmann«, sagt Friedrich und schubst Cem von der Bank. Tom fasst Friedrich an den Schultern und sagt laut: »Hey, was soll das? Jetzt entschuldigst du dich erst einmal!« Friedrich schaut ihn sehr wütend an und tritt sehr fest vor das Schienbein von Tom. Der taumelt ein wenig zurück, nimmt dann Friedrichs Hand und zieht ihn in den Gerätekeller. »Und jetzt beruhigst du dich hier!«, schreit er und macht die Türe zu. Fünf Minuten später holt er Friedrich aus dem Keller wieder heraus.

Szene 10

Katja, die Krippenerzieherin, ist aufgebracht, denn sie und ihre KollegIn werden heute die meiste Zeit nur zu zweit sein. Dabei ist auch Yunus (1,8 Jahre) anwesend, der momentan häufig beißt. Kurz darauf, als die Kollegin ein Kind wickelt und sich Katja einem anderen Kind zugewendet hat, passierte es auch: Yunus hat Weng in die Wange gebissen. Während die Kollegin schnell die Bisswunde mit einem Kühlakku versorgt und Weng beruhigt, schiebt Katja ein paar Raumteiler so zusammen, dass eine eingeschlossene Spielfläche mit Autos und Bauklötzen entsteht. Daraufhin hebt sie Yunus hoch und setzt ihn in diesen abgeschlossenen Spielebereich. »So«, sagt sie zu der Kollegin, »jetzt haben wir hier erst einmal die Kinder vor Yunus gesichert und du kannst weiter wickeln.« Yunus spielt zunächst, doch nach fünf Minuten steht er auf und streckt seine Arme und sagt: »Will raus«. »Nein«, meint Katja, »du musst noch 15 Minuten warten, bis wir mit den anderen Kindern und dem Wickeln fertig sind.«

Szene 11

In der Kita gibt es heute Buchstabensuppe und die Kinder suchen begeistert ihren Anfangsbuchstaben aus dem Teller heraus. Nur Emre schiebt alle seine Buchstaben an den Tellerrand und löffelt lediglich die Brühe. Die anwesende Erzieherin fragt ihn, warum er die Buchstaben nicht isst. Emre sagt, dass er diese Nudeln nicht mag. Die Erzieherin schaut ihn an und meint: »Verstehe ich nicht, du isst doch sonst immer Nudeln.« »Aber die sind anders«, meint Emre, woraufhin die Erzieherin antwortet: »Das sind halt kleine Nudeln. Die hast du dir selbst aufgefüllt und was du selbst auffüllst, musst du auch essen. Du kennst unsere Regel! Ansonsten bekommst du keinen Nachtisch!«

Szene 12

Der Höhepunkt der Karnevalsfeier ist wie immer der Auftritt aller Kinder auf dem Podest. Beginnend mit den Cowboys, die sich präsentieren sollen, geht es weiter mit Spidermans, Tieren, Fantasiefiguren und Vielem mehr. Alle werden beklatscht und die Kostüme bestaunt. Nach jedem Aufruf macht Astrid, die Leitung, ein Foto von jeder Gruppe und jedem einzelnen Kind, damit auch die Eltern nachfolgend einen Eindruck von der Kostümvielfalt bekommen können. Zum Abschluss werden alle royalen Figuren aufgerufen: hauptsächlich Prinzessinnen.

Merve (5 Jahre) begibt sich mit ihrem weißen Kleid nicht auf das Podest. »Du bist doch Prinzessin heute oder?«, fragt Astrid und Merve nickt. Da rufen zwei Freundinnen von Merve: »Ne, ist sie nicht. Sie heiratet!« »Bist du eine Braut oder eine Prinzessin?«, fragt Astrid Merve. Diese flüstert: »Prinzessin«, woraufhin die anderen beiden das erneut verneinen. »Komm, geh mit auf das Podest«, sagt Astrid, mit Blick auf die Uhr, »damit ich das Foto machen kann!« Merve will nicht, sie sieht aus, als wäre sie peinlich berührt. Die anderen Kinder werden langsam unruhig. Astrid weiß, dass Merves Mutter auf jeden Fall ein Foto ihrer Tochter haben will. Sie ermutigt Merve erneut, auf die Bühne zu gehen – ohne Erfolg.

Als die Kinder noch unruhiger werden, legt sie sich vor Merve auf den Boden, um aus diesem Blickwinkel ein Foto von Merve und den anderen Prinzessinnen zu schießen. Merve flüstert in dem Moment: »Ich will nicht!« und dreht sich mit peinlichem Blick ein wenig zur Seite. Die Leitung sagt vom Boden aus: »Halt bitte still, nur das eine Foto brauche ich. Sonst musst du alleine auf das Podest.« Und drückt schnell auf den Auslöser.

Szene 13

In der Krippengruppe gibt es Mittagessen. Als die Kinder mit dem Essen beginnen, verlässt die Erzieherin den Raum mit den Worten: »Ich muss mal eben zur Toilette.« Der Praktikant Luca wandert daraufhin zwischen den zwei Tischen hin und her. Roxana (8 Monate) löffelt zunächst freudig ihren Brei. Sie greift mit der Hand in den Brei, woraufhin Luca zischt: »Hör bitte auf«, ihre Hand herausnimmt und säubert. Er flitzt weiter zum anderen Tisch, als die Kollegin zurückkehrt. Sie sieht, dass Roxana einiges vom Teller auf den Boden transportiert hat. »Jetzt hat sie ja kaum was gegessen«, meint sie zu Luca, »das geht so nicht, dann füttere sie!«.

Luca setzt sich neben Roxana und beginnt sie zu füttern. Nach zwei Happen wendet Roxana den Kopf ab. Luca spricht ihr zu: »Guck mal, nur noch drei Löffel, dann bist du fertig!« Roxana schaut und öffnet den Mund. Dann dreht sie den Kopf weg. Luca hält erneut den Löffel hin, aber Roxana verzieht das Gesicht, schaut weg und fängt an zu knöttern. Luca wendet sich ihr von der anderen Seite zu, doch erneut dreht Roxana den Kopf weg und will aufstehen. Luca hält sie fest und sagt: »Den Löffel musst du noch nehmen, sonst stehst du hier nicht auf!« Er führt den Löffel an ihre verkniffenen Lippen und schiebt ihn mit Druck in den Mund. »Prima«, sagt er. »Geht doch«, und lächelt zufrieden. Roxana fängt an zu weinen.

Szene 14

Während des Vormittags ruft Frau Lanzi (Krippenfachkraft) Herrn Müller (Leitung) an und bittet um schnelle Unterstützung, weil zwei Kinder gewickelt werden müssen. Herr Müller fragt, ob es nicht noch etwas Zeit hätte, weil er gerade den Kassenabschluss macht und sich sonst bestimmt verrechnet. Frau Lanzi gibt zu verstehen, dass es in zehn

Minuten auch passen würde. Nach einer halben Stunde ist Herr Müller jedoch immer noch nicht da. Weil Frau Lanzi heute aufgrund von Personalmangel allein in der Gruppe ist, konnte sie die zwei Kinder noch nicht wickeln. Erneut ruft sie an und bittet dringend um Unterstützung, denn inzwischen sind es bereits vier Kinder, die eine neue Windel benötigen.

Ein wenig frustriert steht Herr Müller auf, denn der Abschluss ist fast fertig. Er will der Kollegin zu Hilfe eilen. Genau in diesem Moment ruft die Verwaltung wegen des Kassenabschlusses an, weil sich ein ungeklärtes finanzielles Loch aufgetan hat. Da die bearbeitende Kollegin nur noch 30 Minuten am Arbeitsplatz ist, entschließt sich Herr Müller, seinen Kassenabschluss zu beenden. Nach weiteren 15 Minuten meldet sich Frau Lanzi erneut, hörbar verärgert, weil manche Kinder inzwischen weinen. Herr Müller sendet seinen Abschluss und eilt in die Gruppe. Frau Lanzi beginnt mit dem Wickeln der inzwischen sechs Kinder. Bei dem zweiten Kind, welches bereits seit einer Stunde eine volle Windel hat und weint, bemerkt sie nach dem Waschen entzündete Stellen, die am Morgen noch nicht da waren.

1b Szenen plus

Die hier aufgeführten Szenen, verändern sich in der zweiten Version durch die Hinzufügung eines Satzteils oder Satzes. Hierdurch soll verdeutlicht werden, dass sich eine gesamte Situation durch einen Umstand verändern kann. Sie können hierfür auch alle anderen Szenen entsprechend modifizieren, um Ihrem Team veränderte Situationseinschätzungen zu ermöglichen.

Szene plus 1

Die Fachkraft sieht vom Bauteppich aus, dass ein Kind beim Eingießen die Wasserflasche so hält, dass sich bereits eine große Pfütze auf dem Boden gebildet hat. Zwei Krabbelkinder steuern nun zielstrebig auf die Pfütze zu.

Die Fachkraft springt auf, um Schlimmeres zu verhindern, übersieht ein Kind, welches gerade ihre Laufrichtung quert, und läuft es um. Das Kind schlägt sich den Kopf auf.

Die Fachkraft sieht vom Bauteppich aus, dass ein Kind beim Eingießen die Wasserflasche so hält, dass sich bereits eine große Pfütze auf dem Boden gebildet hat. Zwei Krabbelkinder steuern nun zielstrebig auf die Pfütze zu.

Die Fachkraft springt auf, um Schlimmeres zu verhindern, übersieht *mal wieder* ein Kind, welches gerade ihre Laufrichtung quert, und läuft es um. Das Kind schlägt sich den Kopf auf.

Szene plus 2

Im Morgenkreis schaukelt Franz-Josef (5 Jahre) so sehr mit den Beinen, dass es das Spiel in der Mitte stört. Die Fachkraft schaut ihn an und bittet ihn, die Beine ruhig zu halten. Nach kurzer Zeit schaut Franz-Josef zur Fachkraft und beginnt erneut, die Beine rhythmisch auszufahren. Die Fachkraft geht zu ihm, legt ihre Hand auf seine Beine und sagt: »Halt bitte die Beine ruhig. Das stört bei 1, 2, 3 im Sauseschritt.«

Wenige Momente später beginnt er wieder mit den Beinen zu schaukeln. Die Fachkraft wechselt den Stuhl und sagt ihm, dass er das nun wirklich unterlassen muss, weil es das Spiel stört.

Als Franz-Josef abermals sein »Bein-hebe-Spiel« beginnt, dreht ihn die Fachkraft mit dem Stuhl um 180 Grad, sodass er nun mit dem Rücken zum Kreis sitzen muss und sagt: »Dann mach du das weiter, aber bei dem Spiel kannst du jetzt nicht mehr mitmachen.« Franz-Josef fängt an zu weinen.

Im Morgenkreis schaukelt Franz-Josef (5 Jahre) so sehr mit den Beinen, dass es das Spiel in der Mitte stört. Die Fachkraft schaut ihn an und bittet ihn, die Beine ruhig zu halten. Nach kurzer Zeit schaut Franz-Josef zur Fachkraft und beginnt erneut, die Beine rhythmisch auszufahren. Die Fachkraft geht zu ihm, legt ihre Hand auf seine Beine und sagt: »Halt bitte die Beine ruhig. Das stört bei 1, 2, 3 im Sauseschritt.«

Wenige Momente später beginnt er wieder mit den Beinen zu schaukeln. Die Fachkraft wechselt den Stuhl und sagt ihm, dass er das nun wirklich unterlassen muss, weil es das Spiel stört. *»Ansonsten musst Du den Kreis verlassen!«*

Als Franz-Josef abermals sein »Bein-hebe-Spiel« beginnt, dreht ihn die Fachkraft mit dem Stuhl um 180 Grad, sodass er nun mit dem Rücken zum Kreis sitzen muss und sagt: »Dann mach du das weiter, aber bei dem Spiel kannst du jetzt nicht mehr mitmachen.« Franz-Josef fängt an zu weinen.

Szene plus 3

Nach dem Mittagsschlaf sitzt die fast dreijährige Luisa vor ihrer Kleidung. Immer noch ein wenig müde, versucht sie sich anzuziehen. Sie schaut zu den anwesenden Fachkräften, die jedoch mit anderen Kindern beschäftigt sind. Kurz darauf muntert die Heilpädagogin Irina Luisa auf: »Na komm Luisa, das schaffst Du doch schon allein.« Luisa versucht, sich Hose anzuziehen, aber schaut schnell wieder zu Irina. Diese wendet sich daraufhin Luisa zu und zieht ihr die Hose mit den Worten an: »Okay, ich helfe dir bei der Hose und dem Pulli und du ziehst dafür allein die Socken an. Abgemacht?« Luisa nickt und lässt sich anziehen.

10 Minuten später sitzt sie immer noch ohne Socken da und schaut wiederholt Irina an. Diese sagt daraufhin: »Nein, Luisa, jetzt hab ich dir schon geholfen, die Socken musst du allein schaffen. Das haben wir eben abgemacht!« Daraufhin kommen Luisa die Tränen, sie legt sich auf den Boden. Irina wird etwas ungeduldig: »Ach Luisa, hör auf. Du bist doch schon groß und kannst das allein. Ich muss mich auch um Kilian kümmern, du bist ja nicht das einzige Kind hier.«

Daraufhin fängt Luisa laut an zu weinen. Irina zieht ihr etwas genervt die Socken an.

Nach dem Mittagsschlaf sitzt die fast dreijährige Luisa vor ihrer Kleidung. Immer noch ein wenig müde, versucht sie sich anzuziehen. Sie schaut zu den anwesenden Fachkräften, die jedoch mit anderen Kindern beschäftigt sind. Kurz darauf muntert die Heilpädagogin Irina Luisa auf: »Na komm Luisa, das schaffst Du doch schon allein.« Luisa versucht, sich Hose anzuziehen, aber schaut schnell wieder zu Irina. Diese wendet sich daraufhin Luisa zu und zieht ihr die Hose mit den Worten an: »Okay, ich helfe dir bei der Hose und dem Pulli und du ziehst dafür allein die Socken an. Abgemacht?« Luisa nickt und lässt sich anziehen.

10 Minuten später sitzt sie immer noch ohne Socken da und schaut wiederholt Irina an. Diese sagt daraufhin: »Nein, Luisa, jetzt hab ich dir schon geholfen, die Socken musst du allein schaffen. Das haben wir eben abgemacht!« Daraufhin kommen Luisa die Tränen, sie legt sich auf den Boden. Irina wird etwas ungeduldig: »Ach Luisa, hör auf. Du bist doch schon groß und kannst das allein. Ich muss mich auch um Kilian kümmern, du bist ja nicht das einzige Kind hier.«

Daraufhin fängt Luisa laut an zu weinen. Irina zieht ihr etwas genervt die Socken an. *»Wenn Du morgen wieder so ein Theater machst, helfe ich Dir nicht mehr!«, raunt sie, als sie sich danach Kilian zuwendet.*

Vorlagenübersicht

V1 Leitlinien

V2 Gelingende Interaktionen

V3 Misslingende Interaktionen

V4 Sich in andere einfühlen

V5 Was fehlt wem?

V6 Leitfragen für die Skalierung

V7 Das Haus

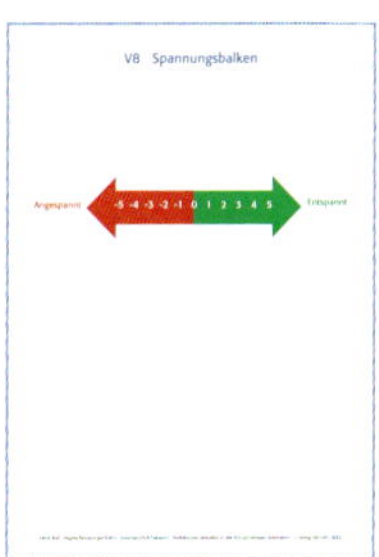
V8 Spannungsbalken

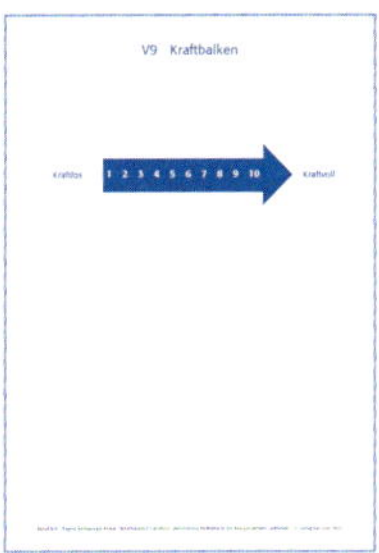
V9 Kraftbalken

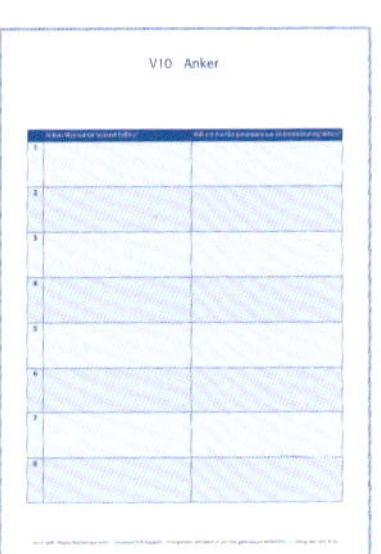
V10 Anker

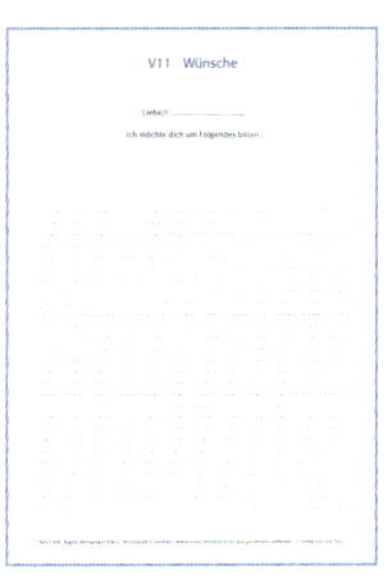
V11 Wünsche

V12 Kind

V13 Werte und Normen

V14 Reflexionsfragen I

V15 Reflexionsfragen II

V16 Reflexionsfragen III

Die Autorinnen

Dr. Astrid Boll ist Erzieherin und Sozialpädagogin. Sie lehrt und forscht als Professorin für »Kindheitspädagogik« an der Europäischen Fachhochschule (EUFH) in Köln. Arbeits- und Forschungschwerpunkte: Elementardidaktik, Fachkraft-Kind-Interaktionen, Personalmanagement in Kindertageseinrichtungen, Kreativität sowie Praxis der pädagogischen Arbeit.

Kontakt
strid.boll@gmx.de

Dr. Regina Remsperger-Kehm ist Sozialpädagogin und Erziehungswissenschaftlerin. Sie lehrt und forscht als Professorin für Frühkindliche Bildung an der Hochschule Fulda. Arbeits- und Forschungsschwerpunkte: Fachkraft-Kind-Interaktionen, Begleitung der Bildungsprozesse von Kindern, Kinderrechte, Kinderschutz, Gesundheitsförderung, Qualitätsentwicklung in der Frühen Bildung.

Kontakt
regina.remsperger-kehm@sw.hs-fulda.de

Achtsamkeit

Für Selbstwirksamkeit, Resilienz und Partizipation

Sich selbst bewusster wahrnehmen, die Sinne schärfen, innehalten und durchatmen – Achtsamkeit hat viele Aspekte und ist zum Trend geworden. Einer davon sind Übungen, die uns helfen, entspannter, konzentrierter und emotional ausgeglichener durch den Alltag zu gehen. Ein anderer verweist auf den würdevollen Umgang miteinander und beschreibt ein Kinderrecht. Wer Achtsamkeit lehrt, sollte sie vorher verinnerlicht haben. Der beste Weg, Achtsamkeit zu vermitteln ist also, achtsam zu sein. Wenn wir selbst Mitgefühl und Aufmerksamkeit verkörpern, können wir Achtsamkeit weitergeben.

Achtsamkeitspraktiken fördern nicht nur das Wohlbefinden, sondern auch die Kreativität, die Selbstwirksamkeit und die Resilienz. Auch Kinder können, wenn sie lernen, achtsam mit sich zu sein, sehr davon profitieren. Sie werden aufmerksamer, sammeln neue soziale Erfahrungen und bauen Stress ab. Achtsamkeit hilft Kindern wie Erwachsenen, zur Ruhe zu kommen und sich selber zu ordnen.

In diesem Betrifft KINDER extra stellen wir Ansätze und Projekte zum Thema Achtsamkeit in Krippe, Kita und Grundschule vor. Wir zeigen Beispiele der Integration von Meditation, Atemübungen oder kreativem Spiel in die pädagogische Praxis und wie Kinder durch die Erfahrung nichtwertender Annahme Empathie für sich und andere entwickeln.

Jutta Gruber · Detlev Vogel (Hrsg.)
Achtsamkeit
Für Selbstwirksamkeit, Resilienz und Partizipation
48 Seiten, mit vielen Fotos
Weimar 2020
ISBN 978-3-86892-136-6
Euro 9,90